领导财经丛书

领导财务学

领导财经丛书编委会 编

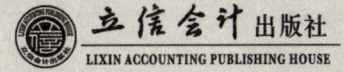
立信会计出版社
LIXIN ACCOUNTING PUBLISHING HOUSE

图书在版编目(CIP)数据

领导财务学 / 领导财经丛书编委会编. —上海：立信会计出版社，2011.12
（领导财经丛书）
ISBN 978-7-5429-3077-4

Ⅰ.①领… Ⅱ.①领… Ⅲ.①财务管理 Ⅳ.①F275

中国版本图书馆 CIP 数据核字(2011)第 253639 号

责任编辑　赵新民
封面设计　周崇文

领导财务学

出版发行	立信会计出版社
地　　址	上海市中山西路 2230 号　　邮政编码　200235
电　　话	(021)64411389　　传　　真　(021)64411325
网　　址	www.lixinaph.com　　电子邮箱　lxaph@sh163.net
网上书店	www.shlx.net　　电　　话　(021)64411071
经　　销	各地新华书店
印　　刷	常熟市梅李印刷有限公司
开　　本	787 毫米×1092 毫米　1/16
印　　张	13.75　　　　　　　　插　页　1
字　　数	186 千字
版　　次	2011 年 12 月第 1 版
印　　次	2011 年 12 月第 1 次
印　　数	1—3 100
书　　号	ISBN 978-7-5429-3077-4/F
定　　价	28.00 元

如有印订差错，请与本社联系调换

领导财经丛书编委会

主　　编　蔡　昌
编委会成员　兰青青　张小凤　黄海霞
　　　　　　　于　洋　陈涤尘　马　良
　　　　　　　鲍婷婷　沈　易　陈美玲
　　　　　　　潘静思　王　洋　吕正伟

总　序

　　各级领导干部都是人民的公仆,代表人民行使国家赋予的权力。领导干部的这种身份和角色使得国家对他们的素质要求比较高,为了使各级领导干部更好地为人民服务,国家为此所花费的培养成本也比较高。但近年来,领导干部违法、违规和经济犯罪案件越来越多,一些被公认为"有前途、有能力"的领导干部纷纷落马。据不完全统计和分析,领导干部落马大多源于财经犯罪,这反映了一个问题:领导干部缺乏必要的财经素养和会计、税务常识。比如,单位在处理某些经济业务时,由于领导不懂基本的会计知识,让会计按自己的意思去做账,会计迫于领导的权威只好照做,结果就出了问题。像这样的单位领导,由于不懂得会计、税务的基本知识,对相关的财会制度和税收政策缺乏基本的了解,最终酿成大错,实在是憾事。

　　随着市场经济在中国的快速推进,上至政府部委高管,下至乡长村官,都迫切需要学习和掌握会计、财务、税务的基本知识。领导干部财经素养的缺失正成为制约他们工作效益的"瓶颈"。在我们平时所接触的领导干部乃至公司高管中,能看懂财务报表的人尚且不多,更不用说进行财务决策了。许多领导干部意识到了这一点,迫切希望学习一些实用的财经知识,增强基本的财经素养。凭借这

一契机,我们策划、组织编写了这套"领导财经丛书",本系列丛书共分三本:《领导会计学》、《领导财务学》、《领导税务学》。

本系列丛书属于针对广大领导干部和公司高管的财经普及读本,具有通俗实用、易学易懂的特点。不失为一道醇厚香浓的"财经鸡汤",既有丰富的财经智慧和理论精髓,又有大量的财经运作实践案例和宝贵经验。不仅可以给读者带来阅读上的喜悦,还可以通过案例阅读给人以醍醐灌顶的启示。

感谢翻开本套丛书的读者。开卷有益,希望您在这里汲取到财经智慧和经验,为您的前行助一臂之力。

"领导财经丛书"编委会

前 言

随着经济的发展和社会环境的变化,领导者越来越多地关注企业财务活动和经营绩效,也越来越多地依赖于财务管理和财务决策以推动企业的发展。在此背景下,领导者尤其是高级管理者掌握必要的财务管理知识就显得越来越不可或缺。

作为企业管理活动中重要的一部分,财务管理是一项综合性的管理工作,且与企业其他活动有着广泛的联系,因此能迅速反映企业的生产经营状况。伴随社会经济环境的变化,企业财务管理的目标由最初的利润最大化发展到每股盈余最大化、企业价值最大化和股东财富最大化。企业财务管理目标阶段性变化,更反映着领导者财务管理理念的变化和创新,这主要表现为以下几点:

第一,竞争与合作相统一的财务观念。当代社会信息技术的发展、财务信息的快速传播使企业之间的利益紧密相连,它们之间的关系也向竞争与合作相统一的方向发展。这就要求领导者在财务决策和日常管理中,不断增强抓机遇、促发展的实际操作能力,在激烈的市场竞争中趋利避害,扬长避短。

第二,风险理财观念。企业经营活动中存在的不确定因素将导致财务管理面临各种风险,尤其是信息瞬间万变的今天,风险因素更是不可忽略。因此领导者必须树立正确的风险观,善于对不确定

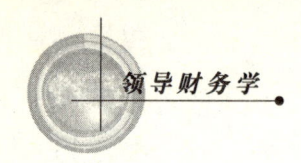

性因素进行科学预测,有预见性地采取各种防范措施,使风险损失尽可能降到最低限度。

第三,信息理财观念。在现代市场经济中,一切经济活动都必须以快、准、全的信息为导向,信息成为市场经济活动的重要媒介。这就要求领导者必须牢固地树立信息理财观念,从全面、准确、迅速、有效地搜集、分析和利用信息入手,进行财务决策和资金运筹。

第四,知识化理财观念。知识经济时代,知识成为最主要的生产要素和最重要的经济增长源泉。与此相适应,未来的财务管理将更是一种知识化管理,其知识含量将成为决定财务管理是否创新的关键性因素。因此,领导者必须牢固树立知识化理财观念。

本书作为"领导财经丛书"的重要组成部分,主要讲解财务操作技巧。本书内容贴近实务、浅显易懂,语言幽默风趣,并辅以丰富的案例,使领导者能够在轻松的环境下快速掌握财务管理基础知识。限于篇幅,本书主要阐释以下重要内容:第一章"理财思维——领导必知的管理规则"、第二章"运筹帷幄——领导如何编制全面预算"、第三章"巧借东风——领导如何掌握融资技巧"、第四章"排兵布阵——领导如何开展投资管理"、第五章"论功行赏——领导如何决策利润分配"、第六章"以小博大——领导如何开展资本运营"。上述内容理论与实际联系紧密,从预算编制、资金筹集、投资管理、利润蛋糕分配到价值增长,财务管理活动贯穿于企业经营管理的始终。希望大家通过阅读本书,在获取财务知识的同时,培养一种财务思维模式。

本书由蔡昌负责框架设计并总纂定稿,参加编写的人员主要有张小凤、于洋、陈涤尘、陈美玲等。限于笔者学识和水平,书中疏漏之处在所难免,还请读者朋友批评指正。

"领导财经丛书"编委会

2011.12

目 录

第一章 理财思维——领导必知的管理规则 ... 1
  一、财务管理概述 ... 1
    （一）财务管理含义 ... 1
      1. 财务活动 ... 1
      2. 财务关系 ... 4
    （二）财务管理目标 ... 5
      1. 利润最大化 ... 6
      2. 股东财富最大化 ... 7
    （三）财务管理环节 ... 8
      1. 财务预测 ... 8
      2. 财务决策 ... 9
      3. 财务预算 ... 9
      4. 财务控制 ... 9
      5. 财务分析 ... 10
  二、财务管理基本观念 ... 10
    （一）货币时间价值 ... 10
      1. 货币时间价值的含义 ... 10
      2. 货币时间价值的计算 ... 11
      3. 货币时间价值其他方面的计算 ... 29
  三、风险 ... 34

（一）风险的含义 …………………………………………… 34
（二）风险的分类 …………………………………………… 35
    1. 按照投资主体的不同划分 …………………………… 35
    2. 按照风险形成原因的不同划分 ……………………… 35
（三）风险的衡量 …………………………………………… 36
    1. 概率 …………………………………………………… 36
    2. 期望值 ………………………………………………… 37
    3. 离散程度 ……………………………………………… 38
（四）风险偏好 ……………………………………………… 41
（五）风险与收益 …………………………………………… 41

第二章　运筹帷幄——领导如何编制全面预算 ……………… 43
一、全面预算管理概述 ………………………………………… 43
（一）全面预算及全面预算管理 …………………………… 43
    1. 全面预算 ……………………………………………… 43
    2. 全面预算管理 ………………………………………… 45
（二）全面预算管理的前提条件 …………………………… 46
    1. 负责的领导团体 ……………………………………… 46
    2. 创新的管理观念 ……………………………………… 47
    3. 完善的基础管理工作 ………………………………… 47
    4. 完善的制度体系 ……………………………………… 48
（三）全面预算管理的作用 ………………………………… 48
    1. 全面预算管理可以实施目标管理 …………………… 48
    2. 全面预算管理可以控制风险 ………………………… 48
    3. 全面预算管理可以协调关系 ………………………… 48
    4. 全面预算管理可以强化控制 ………………………… 49
    5. 全面预算管理可以改善决策 ………………………… 49
    6. 全面预算管理可以进行绩效评价 …………………… 49

二、全面预算管理的组织基础 …… 49
（一）预算管理委员会 …… 49
（二）预算专职部门 …… 50
（三）预算责任网络 …… 51
1. 成本中心 …… 52
2. 利润中心 …… 52
3. 投资中心 …… 53

三、全面预算管理模式 …… 54
（一）以资本预算为起点的管理模式 …… 54
（二）以销售为起点的预算管理模式 …… 54
1. 以销售为起点的预算管理模式的含义 …… 54
2. 以销售为起点的预算管理模式的编制流程 …… 54
3. 适用以销售为起点的预算管理模式的企业的原因分析 …… 55
（三）以成本控制为起点的预算管理模式 …… 56
1. 以成本控制为起点的预算管理模式的含义 …… 56
2. 适用以成本控制为起点的预算管理模式的企业的原因分析 …… 56
3. 以成本控制为起点的预算管理模式的编制流程 …… 57
（四）以现金流量为起点的管理模式 …… 57

四、全面预算管理的内容 …… 58
（一）全面预算的编制 …… 58
1. 全面预算的编制期间 …… 58
2. 全面预算的编制程序 …… 58
3. 全面预算的编制方法 …… 59
4. 全面预算的内容及具体编制 …… 64
5. 全面预算编制时应注意的问题 …… 76
（二）全面预算的执行与调控 …… 77
1. 全面预算的执行 …… 77
2. 全面预算的调控 …… 78

  （三）全面预算的考评 …………………………………… 78
   1. 全面预算评价的含义 ………………………………… 78
   2. 全面预算评价的作用 ………………………………… 78

第三章　巧借东风——领导如何掌握融资技巧 …………… 81
一、银行贷款 ………………………………………………… 83
  （一）基本概念 ………………………………………………… 83
   1. 按贷款期限分类 ……………………………………… 84
   2. 按保障方式分类 ……………………………………… 84
   3. 按借款用途分类 ……………………………………… 84
  （二）主要特点 ………………………………………………… 85
   1. 银行借款的优点 ……………………………………… 85
   2. 银行借款的缺点 ……………………………………… 85
  （三）操作程序 ………………………………………………… 85
   1. 借款人提出贷款申请 ………………………………… 85
   2. 银行的审批 …………………………………………… 86
   3. 签订借款合同 ………………………………………… 86
   4. 贷款的发放 …………………………………………… 86
   5. 银行贷后检查 ………………………………………… 86
   6. 贷款的收回与延期 …………………………………… 86
  （四）融资技巧 ………………………………………………… 87
   1. 建立良好的银企关系 ………………………………… 87
   2. 了解银行、选择银行 ………………………………… 87
   3. 写好投资项目的可行性报告 ………………………… 87
   4. 合适的贷款时机 ……………………………………… 88
   5. 寻找合适的信用担保 ………………………………… 88
   6. 其他需要注意的事项 ………………………………… 88
  （五）案例故事 ………………………………………………… 88

二、股票融资 …… 90
（一）基本概念 …… 90
（二）主要特点 …… 91
1. 银行贷款与股票融资的区别 …… 91
2. 股票融资的优点 …… 92
3. 股票融资的缺点 …… 92
（三）操作程序 …… 92
1. 我国法律规定,初次发行股票必须符合的条件 …… 92
2. 我国股票发行的程序 …… 93
（四）融资技巧 …… 93

三、债券融资 …… 94
（一）基本概念 …… 95
（二）主要特点 …… 95
1. 债券融资的优点 …… 95
2. 债券融资的缺点 …… 95
（三）操作程序 …… 96
1. 作出决议或决定 …… 96
2. 申请发行 …… 96
3. 发行公司债券的批准 …… 96
4. 公告募集办法 …… 96
5. 公司债券的载明事项 …… 96
6. 公司债券存根簿 …… 96
7. 发行中不当行为的纠正 …… 97
（四）融资技巧 …… 97

四、商业票据融资 …… 97
（一）基本概念 …… 97
1. 商业期票 …… 98
2. 商业汇票 …… 98

（二）主要特点 …… 98
  1. 商业票据融资的优点 …… 98
  2. 商业票据融资的缺点 …… 98

（三）操作程序 …… 99

（四）融资技巧 …… 99
  1. 提前抵扣进项税 …… 99
  2. 避免计提坏账准备 …… 100

五、融资租赁 …… 101

（一）基本概念 …… 101

（二）主要特点 …… 102
  1. 融资租赁的主要优点 …… 102
  2. 融资租赁的主要缺点 …… 102

（三）操作程序 …… 103
  1. 选择租赁设备及其制造厂商 …… 103
  2. 申请委托租赁 …… 103
  3. 组织技术谈判和商务谈判，签订购货合同 …… 103
  4. 签订租赁合同 …… 103
  5. 融资及支付货款 …… 103
  6. 交货及售后服务 …… 104
  7. 支付租金及清算利息 …… 104
  8. 转让或续租 …… 104

（四）融资技巧 …… 104

六、风险投资融资 …… 105

（一）基本概念 …… 106

（二）主要特点 …… 106

（三）操作程序 …… 107
  1. 初审 …… 107
  2. 风险投资家之间的磋商 …… 108

3. 面谈 ··· 108

4. 责任审查 ··· 108

5. 条款清单 ··· 108

6. 签订合同 ··· 109

7. 投资生效后的监管 ··· 109

8. 其他投资事宜 ·· 109

（四）融资技巧 ··· 110

第四章 排兵布阵——领导如何开展投资管理 ··················· 112

一、投资管理概述 ··· 113

（一）企业投资概述 ··· 113

1. 投资的概念 ··· 114

2. 投资的分类 ··· 114

3. 投资的动机 ··· 114

4. 投资的决策程序 ·· 114

（二）企业投资管理概述 ··· 115

1. 投资管理的含义 ·· 115

2. 投资管理过程 ·· 115

3. 投资管理和投资的关系：良好的策略＋适时的投资＝股东价值 ······ 115

二、项目投资评价和决策 ··· 116

（一）项目投资概述 ··· 117

1. 项目投资的概念 ·· 117

2. 项目投资的种类 ·· 117

（二）项目投资决策的一般程序 ·· 117

（三）投资项目的现金流量 ··· 118

1. 现金流量的分类 ·· 118

2. 现金流量的估计 ·· 119

3. 利润与现金流量的关系：现金流量是关键 ··························· 120

（四）项目投资决策的方法 …………………………………… 122
    1. 非贴现分析评价方法简介 ………………………………… 122
    2. 贴现分析评价方法简介 …………………………………… 124
    3. 了解正净现值的来源 ……………………………………… 128
    4. 现金流量发生时间的重要性——今日的 1 元将比明日的 1 元更加值钱 ……………………………………………………… 129

三、投资决策方法的应用 ………………………………………… 131
  （一）固定资产更新决策主要研究的问题 ……………………… 131
  （二）更新决策的现金流量分析——主要是现金流出量的分析 …… 132
    1. 如果使用旧资产 …………………………………………… 132
    2. 更换新资产 ………………………………………………… 132
  （三）更新决策方法 ……………………………………………… 132
    1. 可供选择的方法与适用条件 ……………………………… 132
    2. 差额现金流量法 …………………………………………… 132
    3. 平均年成本法 ……………………………………………… 132
  （四）把握重置投资的时机和方式 ……………………………… 133
  （五）所得税与折旧对投资决策的影响 ………………………… 134
    1. 税后成本与税后收入 ……………………………………… 135
    2. 折旧的抵税作用 …………………………………………… 135
    3. 税后现金流量的三种计算方法 …………………………… 135
  （六）认识研发的价值 …………………………………………… 135

四、证券投资及风险管理 ………………………………………… 137
  （一）证券投资与项目投资的区别 ……………………………… 137
    1. 证券投资的内容 …………………………………………… 137
    2. 与项目投资的区别 ………………………………………… 137
  （二）债券投资决策 ……………………………………………… 137
    1. 债券的价值 ………………………………………………… 137
    2. 债券投资的收益率 ………………………………………… 138

（三）股票投资决策 …………………………………… 139
    1. 股票的价值 …………………………………… 139
    2. 股票投资的收益率 …………………………… 140
    3. 股票投资的特殊应用——并购 ……………… 142
（四）证券投资的风险 ………………………………… 144
    1. 系统性风险 …………………………………… 144
    2. 非系统性风险 ………………………………… 145
    3. 站在股东的立场看投资风险 ………………… 146

第五章 论功行赏——领导如何决策利润分配 …………… 149
一、如何分配"果实" ……………………………………… 149
  （一）为保证企业利润分配的正常进行，在利润分配中必须遵循
      以下原则 …………………………………………… 150
    1. 兼顾各方利益原则 …………………………… 150
    2. 积累和消费相结合的原则 …………………… 150
    3. 非有盈余不得分配原则 ……………………… 150
    4. 分配自由原则 ………………………………… 150
  （二）"果实"分配的内容和顺序 …………………… 151
    1. 弥补企业亏损 ………………………………… 151
    2. 缴纳所得税 …………………………………… 151
    3. 分配税后利润 ………………………………… 151
二、股利与股利政策 ……………………………………… 152
  （一）股利理论 ………………………………………… 152
    1. 股利无关论 …………………………………… 152
    2. 股利相关论 …………………………………… 154
  （二）股利支付方式和程序 …………………………… 156
    1. 股利支付的方式 ……………………………… 156
    2. 股利的支付程序 ……………………………… 157

（三）股利政策 ………………………………………… 158
　　1. 剩余股利政策 …………………………………… 158
　　2. 固定或持续增长股利政策 ……………………… 160
　　3. 固定股利支付率政策 …………………………… 161
　　4. 低正常股利加额外股利政策 …………………… 161
（四）影响股利政策选择的因素 ……………………… 162
（五）股利政策的选择 ………………………………… 164

三、股票分割与股票回购 ………………………………… 165
（一）股票分割 ………………………………………… 165
（二）股票回购 ………………………………………… 167
　　1. 股票回购的动机 ………………………………… 168
　　2. 股票回购的方式 ………………………………… 171
　　3. 股票回购的主要目的 …………………………… 173

第六章　以小博大——领导如何开展资本运营 ……… 175

一、资本运营的概述 ……………………………………… 176
（一）资本运营的含义 ………………………………… 176
（二）资本运营的特征 ………………………………… 176
　　1. 资本运营的流动性 ……………………………… 176
　　2. 资本运营的增值性 ……………………………… 177
　　3. 资本运营的不确定性 …………………………… 177
（三）资本运营和生产经营的关系 …………………… 177
　　1. 资本运营和生产经营的联系 …………………… 177
　　2. 资本运营与生产经营的区别 …………………… 178

二、资本运营的基本类型 ………………………………… 179
（一）扩张型资本运营模式 …………………………… 179
　　1. 横向型资本扩张 ………………………………… 179
　　2. 纵向型资本扩张 ………………………………… 179

3. 混合型资本扩张 …………………………………………… 179
　（二）收缩型资本运营模式 ……………………………………… 180
　　1. 资产剥离 …………………………………………………… 180
　　2. 分拆上市 …………………………………………………… 180
　　3. 股份回购 …………………………………………………… 180
三、企业并购 ……………………………………………………………… 181
　（一）企业并购概述 ……………………………………………… 181
　　1. 并购的含义 ………………………………………………… 181
　　2. 兼并 ………………………………………………………… 182
　　3. 收购 ………………………………………………………… 182
　（二）并购的分类 ………………………………………………… 183
　　1. 横向并购、纵向并购和混合并购 ………………………… 183
　　2. 战略导向并购 ……………………………………………… 183
　　3. 出资方式并购 ……………………………………………… 184
四、买壳上市 ……………………………………………………………… 184
　　1. 选择理想的"壳资源" ……………………………………… 185
　　2. 资产置换的优化和整合 …………………………………… 185
　　3. 利用配股时机再次提升企业价值 ………………………… 185
五、杠杆收购与管理层收购 ……………………………………………… 187
　（一）管理层收购的概念 ………………………………………… 187
　（二）管理层收购目标公司应具备的条件 ……………………… 188
　（三）MBO 的主要特征 …………………………………………… 188
　　1. 投资银行的参与 …………………………………………… 188
　　2. 管理层主导 ………………………………………………… 188
　　3. 杠杆性 ……………………………………………………… 188
　　4. 金融创新 …………………………………………………… 189
　　5. 整合与增值潜力 …………………………………………… 189
　　6. 资本运营 …………………………………………………… 189

六、资本收缩与分拆上市 ………………………………… 191
（一）资本收缩的形式 ………………………………… 191
1. 资产剥离 ………………………………………… 191
2. 股份回购 ………………………………………… 191
3. 企业分立 ………………………………………… 192
（二）资本收缩的动机和效果 …………………………… 192
1. 适应经营环境变化，调整经营战略 ……………… 192
2. 提高管理效率 …………………………………… 192
3. 提高资源利用效率 ……………………………… 192
（三）分拆上市 …………………………………………… 193

参考书目 ……………………………………………………… 197

第一章 理财思维——领导必知的管理规则

理财思维是领导必须具备的基本思维方式,是科学决策的基础,是成功的保障,换句话说,领导应该懂得如何管理财务。

一、财务管理概述

(一) 财务管理含义

财务管理是指企业对在生产经营活动中产生的财务活动及财务关系进行管理的一种行为。那么,要深刻理解和掌握财务管理的含义,必须要明确财务活动的含义。

1. 财务活动

财务活动是指企业资金的筹集、资金的运用、资金的收回及分配等一系列经济活动,也就是说,它是企业资金收支活动的总称。企业的财务活动应该包括以下四个方面。

1) 筹资活动

筹资活动是指企业通过某种方式获得资金以满足其从事生产经营活动的一种经济行为。企业的筹资活动是企业进行生产经营活动的必要环节,是资金运动的起点。企业在进行筹资活动时应该注意以下几个方面:

(1) 企业进行筹资的方式。企业的筹资方式一般有两种,即债务筹资和权益筹资。债务筹资是指企业通过发行债券、向银行借款、应付款项等方式获得资金的一种筹资方式,债务筹资获得的资金一般形成企业的债务资本;

权益筹资一般是指企业通过发行股票获得资金的一种筹资方式,权益筹资获得的资金一般形成企业的权益资本。企业在选择筹资方式时一定要考虑以下几个方面:如果采用债务筹资方式,则企业应该考虑支付股东股息、红利的比例,支付的方式,支付的时间;如果采用权益筹资方式,则企业应该考虑支付债权人或银行利息的利率的高低、偿还的期限及偿还的方式。企业应综合考虑以上问题,选择最适合企业发展又不会增加企业负担的筹资方式。可以选择其中一种,也可以是几种方式的结合。

(2)企业进行筹资的规模。企业要进行筹资时应该慎重地选择筹资的规模:一方面,筹资规模不能过小,过小的筹资规模无法满足企业日常的生产经营活动及投资的需要,这样会使企业的经营陷入困境,同时还可能错失很多良机。另一方面,筹资规模也不能过大,因为不论以何种方式筹资,企业都要为筹资付出代价。比如,以债务方式筹资,企业要支付利息给债权人或银行;以权益方式筹资,企业要定期支付股息、红利给股东。所以,过大的筹资规模会增加企业的经营成本,同时,在企业经营不善时,还会增加企业的偿还风险。

企业在进行筹资活动时应该综合考虑以上两个方面,经过详细分析后选出最优的投资方案。企业通过各种方式筹集到的资金形成了企业资金的收入,而企业为获得资金的使用权而付出的代价,比如支付股息、红利、利息等形成了企业资金的支出,企业的这种收支活动就形成了企业的财务活动。

2) 投资活动

投资活动是指企业将筹集到的资金合理投放到某项资产、某种债券或某个项目中以求能增加企业的经济利益的一种经济行为。根据企业投资的范围,可以将筹资活动划分为对内投资和对外投资。对内投资是指企业将筹集到的资金用于购置自身生产经营所需的固定资产、无形资产等形成的投资;对外投资是指企业将筹集到的资金用于购买其他企业的股票、债券、与其他企业联营或收购其他企业等形成的投资。企业在进行投资时,应该慎重选择投资对象,主要注意以下两个方面。

(1)对于投资风险的考虑。无论是对内投资还是对外投资,只要是投资就会有风险,这是企业进行投资时必须要考虑的问题,也是关乎企业投资成败的关键问题。正所谓：风险越大,收益就越高;风险越小,收益就越低。所以,企业在分析各种投资方案时,应该将风险因素考虑进去。要在风险和收益中找到一个制衡点即为企业所能承受的投资方案,最重要的是,要运用现有的一些手段和方法规避风险,同时,进行适当的风险管理,尽可能增加企业获益的概率。

(2) 对于获得投资回报时间的考虑。企业在分析投资方案时应先关注投资期间的现金流量,但投资回报的时间长短问题也是非常值得关注的问题。因为:首先,资金本身存在时间价值问题;其次,获得投资回报越快越好,回报时间越长,企业资金被占用的时间也越长,不但会错失其他投资机会,而且也不利于企业资金的周转,降低了企业资金的使用价值。所以,企业在进行投资方案选择时要尽量选择投资回报较快的方案。

企业进行对内投资或对外投资时形成企业的资金支出,而当企业卖出对内投资或收回对外投资时就会形成企业的资金流入,企业的这种收支活动同样形成了企业的财务活动。

3) 经营资金的管理活动

经营资金的管理活动是指企业对生产经营过程中产生的资金收支进行管理的一种行为。经营过程中产生的资金支出主要包括企业为从事生产活动而采购原材料支出、支付给工人的工资以及其他与经营相关的费用等;经营过程中产生的资金收入主要就是产品销售后取得的货款。这些都是由于企业经营而引起的财务活动。

经营资金的管理活动主要包括对流动资产的管理,比如现金、应收账款、存货等;还包括对流动负债的管理,比如应付账款、短期借款等。这里需要注意的问题主要有以下两个方面:一方面,要确保企业有充足的资金来维持其正常的生产经营活动;另一方面,要尽可能地加速资金的周转,提高资金的利用率,只有这样才能为企业创造更多的经济利益。

4) 分配活动

分配活动是指企业将获得的利润按照一定的分配原则进行分配的一种行为。企业通过生产经营活动获得的利润、对外投资获得的净收益及其他净

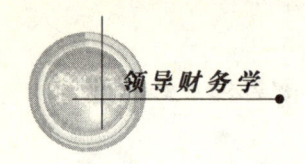

收入共同构成了企业的利润总额。企业获得的利润要按照既定的程序进行分配:首先,企业应该按照国家的规定依法进行纳税;其次,要弥补以前年度的亏损,提取公积金;最后,如果还有剩余可以向股东分配股利,也可以不分配股利,作为留存收益继续留在企业。这里企业需要注意的问题就是要确定股利的支付比率的高低问题,也就是说税后利润的多大比例要支付给股东。如果支付比例过低,股东获得的收益过少,会影响股东的投资情绪,进而影响企业未来的发展;如果支付的比例过高,那么就会有大量的资金流出企业,影响企业未来的投资。所以,企业的领导者要权衡这两者的关系,确定最适当的股利分配比例,既要满足股东的需要,又要满足企业对资金的需要,这样才有利于企业的长远发展。

2. 财务关系

理解完财务活动的含义,接下来我们还需要理解财务关系的含义,只有将这两个含义都理解深刻了,我们才能真正掌握财务管理的含义。财务关系是指企业在组织资金运动、进行财务活动过程中与各有关方面发生的经济关系。企业在进行筹资活动、投资活动、经营活动及分配活动等时就不可避免地要与企业的方方面面发生关系。企业的财务关系包括以下几个方面。

1) 企业与投资者、被投资者之间的财务关系

(1) 企业与投资者之间的财务关系。这种财务关系是指企业从其投资者那里筹集到资金用于自身的生产经营活动,实现利润后,按照合同的规定向投资者分配应得的利润继而产生的关系。

(2) 企业与被投资者之间的财务关系。这种财务关系是指企业将其闲置的资金投资于股票或其他企业,同时还要参与被投资者的利润分配继而形成的一种关系。企业的这种投资是一种获得所有权性质的投资。

2) 企业与债权人、债务人之间的财务关系

(1) 企业与债权人之间的财务关系。这种财务关系是指企业在资金不足时向债权人借入资金,到期时还本付息继而与债权人产生的一种关系。企业可以通过发行债券、向银行机构借款等方式筹集所需资金,那么,债券的购买者或银行等机构就成为企业的债权人,企业也就随即成为债务人。所以,这

种关系也是债权与债务关系的体现。也就是说,在这种关系下,企业要严格按照规定定期向债权人支付利息、到期时向债权人偿还本金。

(2) 企业与债务人之间的财务关系。这种财务关系是指企业在有闲置资金时购买债券或提供借款给其他企业从而与债务人产生的一种关系。这种关系同样是债权与债务关系的体现,只不过此时企业是债权人,而发行债券或接受借款的企业成为了债务人。在这种关系下,企业有权利要求债务人到期还本付息。

3) 企业内部各单位之间的财务关系

企业内部各单位之间的财务关系是指企业内部各部门之间互相提供产品或劳务所产生的一种关系。因为在实行内部经济核算制度下,企业内部各单位之间提供产品或劳务要进行计价结算,因此,产生了企业内部各单位之间的财务关系。

4) 企业与税务机关之间的财务关系

企业与税务机关之间的财务关系是指企业依照国家税法的有关规定依法纳税而与税务机关产生的关系。这主要体现在两个方面:首先,税收是国家财政的主要收入来源,企业按时缴纳税款是国家财政收入的保证,国家有权向一切企业征收税款;其次,按时、足额缴纳税款也体现着企业对国家、对社会应尽的义务,每个企业都要认真履行,任何企业都不能例外。所以,这种关系也是依法纳税和依法征税的权利与义务关系的体现。

5) 企业与员工之间的财务关系

企业与员工之间的财务关系是指企业在向其员工支付劳动报酬时与员工产生的关系。企业用自己的收入向员工支付工资、津贴、奖金等。所以,这种关系也是员工和企业在劳动成果上的分配关系的体现。

(二) 财务管理目标

企业的领导者要具备理财思维,但是领导者所要达到的理财目标,也就是进行财务管理的目标究竟是什么呢?

财务管理目标是企业理财活动所希望实现的结果,是评价企业理财活动

是否合理的基本标准①。企业进行财务管理的目标主要有以下两种。

1. 利润最大化

以利润最大化为目标是指以利润最大化作为标准来评价一个企业的行为和业绩,这一观点主要来自西方微观经济学理论。因为支持这种观点的人认为,企业的利润代表了企业新创造的价值,利润越多就说明企业的价值增值越大,财富也就越大。所以,企业的财务管理目标应该是利润最大化。但随着经济的不断发展和企业组织形式的不断变化,以利润最大化为企业财务管理的目标也就越来越暴露出其缺点,具体总结如下:

(1) 利润最大化的含义难以界定。利润一词并没有一个清晰的定义供企业在进行财务管理时参考,因为这里的利润并没有说明是长期利润还是短期利润、是税前利润还是税后利润等,这些都是企业将利润最大化作为财务管理目标时不得不考虑的问题。

(2) 利润最大化没有考虑货币时间价值。一项投资的好坏,不仅取决于其收益的大小,还取决于其投资收益实现的时间长短。如有两项投资项目,都可以获利 500 万元,但第一项投资在 1 年后即可获利,第二项投资要在两年后才可获利,由于货币存在时间价值,今天的 500 万元不能同明天的 500 万元同日而语,今天的 500 万元要更有价值一些。显然,第一项投资获利的时间较早,那么第一项投资要优于第二项投资。但是,如果仅以利润最大化为目标,不考虑货币时间价值就无法判断哪项投资更好。如果获利相同,就可以视为一样好,但从上面的例子可以看出,显然不是。

(3) 利润最大化没有考虑风险问题。任何的投资都存在着风险,这是一个不可避免的问题。一般而言,高收益往往伴随着高风险。在这种情况下,如果仅以利润最大化为目标,往往会使企业选择高风险的投资,这样就会使企业面临较大的经营风险,可能会给企业造成巨大损失。

(4) 利润最大化往往会使企业的财务决策具有短期行为。如果仅以利润最大化为目标,那么会使企业为了追求眼前的最大利润,而不顾及企业未来

---

① 荆新,王化成,刘俊彦.财务管理学[M].5 版.北京:中国人民大学出版社,2009.

的发展。比如减少企业新产品的开发、技术设备的更新等,这些虽然能增加企业当年的利润,但显然会影响企业的长远发展。

(5) 利润最大化没有考虑投入资本的多少。一项投资的好坏,不仅要考虑未来获利多少,还要考虑投入资本的多少。如果有两项投资的获利情况相同,但第一项投资的初始投资成本小于第二项投资的初始投资成本,显然,第一项投资要优于第二项投资,企业选择第一项投资是明智的选择。但是,利润最大化目标并没有考虑这些。

(6) 利润最大化并没有考虑会计处理的不同。企业会计处理方法具有多样性,选择不同的会计处理方法,可能会使企业具有不同的利润水平。在这种情况下,企业可能会灵活地选择会计处理方法以增加企业的利润,但这种做法并没有真正反映企业的实际情况。所以,利润最大化并没有考虑这些因素。

以上这些是以利润最大化为财务管理目标所存在的缺点;但即使如此,还是有很多企业选择以利润最大化为财务管理的目标来考评企业的业绩。

2. 股东财富最大化

以股东财富最大化为目标是指企业经过合理的经营,为股东创造最大的财富,这种观点是目前财务理论界最流行的观点。股东财富的多少主要取决于两个因素:第一个因素是股东所持有的股票数量;第二个因素是股东所持股票的市场价格,而不是股票的票面价值。所以,在股票数量一定的情况下,股票的市场价格越高,则表明股东的财富越大。因此,我们可以将股东财富最大化演变为股票市场价格最大化。企业选择股东财富最大化为财务管理目标的原因分析如下。

(1) 它不仅仅只是考虑股东财富这一方面,而是对于社会、债权人、管理者、员工等其他利益相关者也都有益。首先,股东财富最大化有益于社会利益的增加。在资本市场上,投资者都会选择能给自己带来最大经济利益的企业,衡量企业的标准就是其股东财富最大化,所以,企业都会尽力实现其股东财富最大化以求能获得投资者的投资。而社会利益增加的实现需要将社会有限的资源分配到生产效率最高的经济单位,其表现为经济单位财富最大

化。所以,股东财富最大化有益于社会利益的增加。其次,股东财富最大化保障了债权人的收益及求偿权。企业的债权人主要包括企业债券的持有人、向企业提供借款的借款人等。一方面,企业的债权人有权要求企业定期按照约定利率向其支付利息,并在到期时偿还本金;另一方面,在企业面临破产时,债权人有优先于股东分得企业财产的权利。最后,股东财富最大化有利于企业管理者、员工利益的实现。现在,大多数企业都是所有权与经营权相分离,企业管理者的主要任务就是实现股东财富最大化,只有管理者实现了股东财富的增加,才能够获得工作的机会和企业的奖励。所以,股东财富最大化有利于激励管理者更加努力地工作,这样管理者的利益也就实现了。

(2)以股东财富最大化为目标克服了以利润最大化为目标的缺点。首先,股东财富最大化考虑了货币的时间价值,因为投资收益的获得时间会影响股票的市场价格;其次,股东财富最大化考虑了风险问题,因为风险问题同样会影响股票的市场价格;再次,股东财富最大化克服了企业部分的短期行为,因为股票的市场价格在一定程度上取决于企业未来获取现金流量的能力;最后,股东财富最大化考虑了投入资本的多少,因为股票价格反映的是单位投入资本的市场价格。

但股东财富最大化也有其缺点。对于上市公司来说,股东财富最大化这个指标比较容易衡量;而对于非上市公司来说,衡量起来会困难一些,但我们可以通过资产评估或根据公司未来可取得的现金流量来衡量这一指标。

(三)财务管理环节

明确了财务管理的目标之后,要想实现这个目标我们就需要掌握进行财务管理的基本环节。财务管理的基本环节主要包括财务预测、财务决策、财务预算、财务控制及财务分析,它们不是独立存在的,而是相互联系、相互配合,共同形成一个完整的财务管理体系。下面分别介绍财务管理的每个环节。

1. 财务预测

财务预测是指根据所掌握的有关财务活动的历史资料,结合企业目前所处的现实状况,运用一定的方法,对企业未来的财务活动或所列举的决策方案进行科学、合理的预测。科学、合理的财务预测是企业进行财务决策、编制财务预算的基础。因此,财务预测是财务管理中的重要环节,财务预测的准确与否很大程度上决定着企业财务决策的正确与否及所编制的财务预算是否科学合理。财务预测的主要内容包括:资金预测、投资预测、销售收入预测、成本费用预测、利润预测等。

2. 财务决策

财务决策是指在财务预测的基础上,结合所要实现的目标,详细分析和比较所列举的每个决策方案的利弊,从所列举的决策方案中选出一个最优方案的过程。财务决策具体包括筹资决策、投资决策及分配决策。筹资决策主要是指对筹资金额、筹资方式等方面进行分析比较,选择最有利于企业经营发展的筹资决策。投资决策主要是指对所有投资方案的各个方面,比如对每种投资方案的投资收益率、所面临的风险等,进行分析比较,选出最优的投资方案。分配决策主要是指选择何种分配方案既能满足股东的利益又有利于企业的长远发展,过多的股利分配,导致企业留存的资金过少,不利于企业的长远发展;过少的股利分配,股东的利益无法得到满足,影响股东情绪,同样不利于企业的发展。

3. 财务预算

财务预算是指以财务预测为基础,以财务决策为依据,运用科学的技术手段和数学方法对目标进行综合平衡,依据企业所要实现的经营目标,制定预算期内经营成果、财务状况及现金收支等的预算,主要包括现金预算、预计损益表、预计资产负债表等。因此,财务预算是企业经营目标的具体化,同时也是企业进行财务控制和财务分析的基础和依据。

4. 财务控制

财务控制是指企业在进行财务管理的过程中,以制定的财务预算为控制标准,利用有关信息,采用特定方法对企业的财务活动过程进行监督、施加影响并进行相应调节,以保证财务预算的执行及财务目标实现的过程。因此,它在确保财务预算的顺利完成及财务目标的实现中起着极为重要的作用。

5. 财务分析

财务分析是指企业以所掌握的相关资料为主要依据,运用特定的财务分析方法,对其财务活动过程及结果进行分析和评价的过程。通过财务分析,企业可以了解其目前的财务状况、财务预算及财务目标的完成情况,还可以发现财务活动过程中存在的问题,详细分析其出现的原因并提出相应的改进措施,这样更有利于提高企业财务管理的能力及财务目标的实现,同时,为以后进行财务预测、财务决策及编制财务预算提供依据和参考资料。

企业的领导者要想具备理财思维,除了要了解财务管理的基本概念之外,还要具备一些财务管理的基本观念,下面进行详细介绍。

二、财务管理基本观念

（一）货币时间价值

货币时间价值是财务管理的基本观念之一,因为任何企业的财务活动都是在特定的时空内进行的,因此,货币时间价值就成为企业在进行财务决策、实现理财目标时不可避免要考虑的因素。我们不能将不同时点上的资金进行简单的相加或比较,而是要将不同时点上的资金换算成同一时点,再进行相加或比较才有意义,也只有这样才能作出客观的财务决策以实现财务管理的目标。忽视了货币的时间价值,可能会给企业带来严重的损失。因此,我们一定要树立货币时间价值观念。

1. 货币时间价值的含义

货币时间价值也称为资金的时间价值,是指货币经历一定时间的投资和再投资所增加的价值。

下面分析货币时间价值的产生过程及其实质：企业用资金购买生产所需的材料,产出的新产品经销售后获得比原来初始投入更多的资金,从而形成资金的增值。资金从投入到回收形成一次循环,资金每完成一次循环,就会产生一定的增值额。资金周转一次的时间越短、周转的次数越多、产生的增值也就越大。这样,随着时间的不断推移,资金总额会不断增加,从而使得其具有了时间价值,这是货币时间价值产生的过程。由此可见,货币时间价值的实质就是资金在投入生产经营使用、周转后形成的增值。

货币时间价值有两种表现形式:绝对数表现形式和相对数表现形式。绝对数表现形式即为货币时间价值额,是指资金在使用周转后产生的实际增值额,可以用资金和货币时间价值率的乘积来计算。相对数表现形式即为货币时间价值率,是指扣除风险收益和通货膨胀补贴后的平均资金利润率。这里所说的货币时间价值率与我们平时所说的存款利率、贷款利率等一般利率是不同的,只有在去除风险及通货膨胀的影响后,货币时间价值率才与我们所说的一般利率相同。因此,为了简化问题,使人们能够更加容易地理解货币时间价值的含义,我们在这里假设不存在风险和通货膨胀,以利率来表示货币时间价值率。

2. 货币时间价值的计算

通常情况下,在计算货币时间价值时一般采用利息的各种计算方法。货币时间价值的计算主要表现为终值和现值的计算,主要有单利的终值和单利的现值,复利的终值和复利的现值及年金的终值和年金的现值。利息的计算方法有单利和复利两种,这也就决定了货币时间价值的计算也要采用单利和复利,下面分别介绍一下各种终值和现值的计算。

1) 单利终值及单利现值的计算

要进行单利现值和单利终值的计算,首先应该明确一下单利的含义。单利是指在计算利息的时候,只有本金可以计算利息,而由本金产生的利息在下期时不再计入本金计算利息。

在进行终值及现值的计算时,我们通常用以下几个符号表示:

i:表示利率(通常为年利率)　　I:表示利息

n:表示计息期数(通常以年为单位)　　PV:表示现值,即为本金

FV_n:表示终值

单利的计算公式如下:

$$I = PV \times i \times n$$

(1) 单利终值的计算。单利终值是指按照单利的计算方法,在本金和利率一定的条件下,计算出这笔资金在若干期后所具有的价值即这笔本金未来

所具有的价值。其计算公式如下：

$$FV_n = PV + PV \times i \times n = PV \times (1 + i \times n)$$

(2) 单利现值的计算。单利现值是指按照单利的计算方法，在已知终值和利率的情况下，计算出终值若干期前的价值即终值现在所具有的价值。单利现值的计算和单利终值的计算是一个相反的过程，可以由终值的计算公式推算出现值的计算公式：

$$PV = \frac{FV_n}{1 + i \times n}$$

单利终值和单利现值的计算较为简单，下面举两个例子说明。

案例 1-1

李某将一笔 10 000 元的本金存入银行，假设银行年利率为 2％，期限为 3 年，采取单利计息的方式，那么 3 年后李某可以获得多少钱呢？

$$FV_n = PV + PV \times i \times n = PV \times (1 + i \times n)$$
$$= 10\,000 \times (1 + 2\% \times 3) = 10\,600\,(元)$$

所以，3 年后李某可以获得 10 600 元。

案例 1-2

张某欲将在 2 年后获得 4 500 元作为大学最后 1 年的学费，假设银行年利率为 2％，采用单利计息的方式，那么他现在需要在银行存入多少本金？

$$PV = \frac{FV_n}{1 + i \times n} = \frac{4\,500}{1 + 2\% \times 2} = 4\,326.92\,(元)$$

所以，张某现在需要在银行存入 4 326.92 元的本金才可以在 2 年后获得 4 500 元。

2) 复利的终值及复利现值的计算

在进行复利终值和复利现值的计算之前,首先应该明确复利的含义。复利是指在计算利息的时候,除了本金可以计算利息以外,由本金产生的利息也可以在下一期计入本金继续计算利息。通过分析复利的含义,我们可以看出复利体现了一种较为理性的思维,因为人们为了获取更多的资金,是不会让其资金闲置的,而是要进行充分的利用,所以,所获得的利息要继续生息。因此,现实生活中我们多采用复利这种方法。

复利的计算公式如下:($FV_1, FV_2, FV_3, \cdots, FV_n$ 表示每一期的本利和)

第 1 年:$I_1 = PV \times i$

第 2 年:$I_2 = FV_1 \times i$

第 3 年:$I_3 = FV_2 \times i$

……

第 n 年:$I_n = FV_{n-1} \times i$

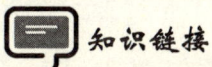

知识链接

从上面单利和复利的计算方法我们可以看出它们的本质区别:单利每期都是以其本金来计算利息的,所以,每期获得的利息额都是相等的;而复利则是以每期期末的本利和作为下一年的本金来计算利息的,所以,其获得的利息额是逐期递增的,也就是我们平时经常说的"利滚利"。这也就决定了单利终值和现值与复利终值和现值计算的不同。

(1) 复利终值的计算。复利终值是指在本金和利息一定的条件下,按照复利的计算方法计算出这笔资金在若干期后的价值,也就是未来这笔本金值多少钱。掌握了复利的计算原理,我们就可以来推导复利终值的计算公式:

假设一笔资金数额为 PV,利率为 i,期数为 n 年,则 n 年后这笔资金的价

值也就是终值为:

第 1 年年末的本利和: $FV_1 = PV + PV \times i = PV \times (1+i)$

第 2 年年末的本利和: $FV_2 = FV_1 \times (1+i) = PV \times (1+i)^2$

第 3 年年末的本利和: $FV_3 = FV_2 \times (1+i) = PV \times (1+i)^3$

……

第 n 年年末的本利和: $FV_n = PV \times (1+i)^n = PV \times FVIF_{i,n} = PV \times (F/P, i, n)$

所以,复利终值的计算公式如下:

$$FV_n = PV \times (1+i)^n = PV \times FVIF_{i,n} = PV \times (F/P, i, n)$$

在这里需要说明的是,我们通常将 $(1+i)^n$ 称为复利终值系数,表示为 $FVIF_{i,n}$ 或 $(F/P, i, n)$,如 $FVIF_{5\%,10}$ 或 $(F/P, 5\%, 10)$ 就表示利率为 5%、期限为 10 年的复利终值系数。为了便于计算,我们可以编制复利终值系数表,有需要的时候直接查询即可获得,用查询所得的复利终值系数直接与本金相乘即可获得终值。

(2) 复利现值的计算。复利现值是指已知终值和利率的情况下,按复利的计算方法计算出终值若干期前的价值,即终值现在所具有的价值。简单地说,我们要想未来获得这些数额的资金,现在所需投入的本金是多少。复利现值的计算与复利终值的计算公式是相反的过程,由复利终止的计算公式推导出复利现值的计算公式如下:

$$PV = \frac{FV_n}{(1+i)^n} = FV_n \times PVIF_{i,n} = FV_n \times (P/F, i, n)$$

我们通常将 $\frac{1}{(1+i)^n}$ 称为复利现值系数,表示为 $PVIF_{i,n}$ 或 $(P/F, i, n)$。为了简便计算,我们同样可以编制复利现值表,用所查询到的复利现值系数与终值相乘即可获得现值。

复利现值和复利终值的计算相对单利现值和单利终值的计算较为复杂

一些,现举两个例子加深一下理解。

案例 1-3

同案例 1-1,采取复利计息的方式,那么此时李某可获得多少的本利和?

$$FV_a = PV \times (1+i)^3 = 10\,000 \times (1+2\%)^3 = 10\,612.08\,(元)$$

所以,此时李某可以获得 10 612.08 元的本利和。

案例 1-4

同案例 1-2,采取复利计息的方式,那么此时张某需要在银行存入多少本金呢?

$$PV = \frac{FV_2}{(1+i)^2} = \frac{4\,500}{(1+2\%)^2} = 4\,325.26\,(元)$$

所以,此时张某需要在银行存入 4 325.26 元的本金。

3) 年金的终值及年金的现值的计算

年金是指每过相等的时间间隔,实现相等金额的收款或付款。在日常生活中,我们会经常遇到年金这种情况,比如,利息的收付、租金的收付、养老金的收付等。年金按照收款或付款的时间不同可以分为后付年金、先付年金、递延年金和永续年金四种,不同种类的年金,其终值和现值的计算原理和计算方法不同。下面详细介绍每种年金终值和年金现值的计算原理和计算方法。

在进行年金终值及现值的计算时,通常用以下几个符号表示:

A：表示年金　　PVA_n：表示年金现值　　FVA_n：表示年金终值

(1) 后付年金的计算。后付年金是指在一定期间内,每期期末实现相等金额的收款或付款的年金,这也是目前较为常见、较为普通的一种年金。

后付年金终值的计算

后付年金终值是指一定期间内每期期末实现的等额收款或付款的复利终值之和。

下面结合图 1-1 来说明一下后付年金终值的计算。注意后付年金是在每期期末实现等额的收付,这个过程就是将 $t=1,2,3,\cdots,n$ 时刻的资金的价值折算成 $t=n$ 时刻的价值。

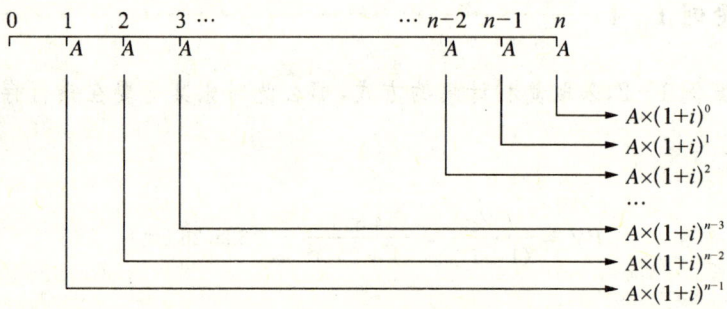

图 1-1　后付年金终值

第 1 年收付款的终值：$FV_1 = A \times (1+i)^{n-1}$

第 2 年收付款的终值：$FV_2 = A \times (1+i)^{n-2}$

第 3 年收付款的终值：$FV_3 = A \times (1+i)^{n-3}$

……

第 $n-2$ 年收付款的终值：$FV_{n-2} = A \times (1+i)^{n-(n-2)} = A \times (1+i)^2$

第 $n-1$ 年收付款的终值：$FV_{n-1} = A \times (1+i)^{n-(n-1)} = A \times (1+i)^1$

第 n 年收付款的终值：$FV_n = A \times (1+i)^{n-n} = A \times (1+i)^0$

由此推出先付年金终值计算公式：

$$FVA_n = FV_1 + FV_2 + FV_3 + \cdots + FV_n$$
$$= A \times (1+i)^{n-1} + A \times (1+i)^{n-2} + A \times (1+i)^{n-3} + \cdots + A \times (1+i)^0$$
$$= A \sum_{t=1}^{n} (1+i)^{t-1} \tag{1-1}$$

将(1-1)式两边同乘(1+i)

$$FVA_n \times (1+i) = A \times (1+i)^n + A \times (1+i)^{n-1}$$
$$+ A \times (1+i)^{n-2} + \cdots + A \times (1+i) \tag{1-2}$$

(1-2)式-(1-1)式得:

$$FVA_n i = A \times (1+i)^n - A = A \times [(1+i)^n - 1]$$

$$FVA_n = A \times \left[\frac{(1+i)^n - 1}{i} \right]$$

我们将 $\sum_{t=1}^{n}(1+i)^{t-1}$ 或 $\frac{[(1+i)^n - 1]}{i}$ 称为年金终值系数,可以用 $FVIFA_{i,n}$ 或 $(F/A, i, n)$ 表示。为了简便计算,可以编制后付年金终值系数表,直接查表将所得的后付年金终值系数与年金 A 相乘即为其终值,公式可以简化如下:

$$FVA_n = A \times FVIFA_{i,n} = A \times (F/A, i, n)$$

后付年金现值的计算

后付年金现值是指在一定期间内,每期期末实现等额的收款或付款的复利现值之和。

下面结合图1-2来说明,简单地说这个过程就是将 $t = 1, 2, 3, \cdots, n$ 时刻的资金的价值折算成 $t = 0$ 时刻的价值。

由此推测出后付年金现值的计算公式:

$$PVA_n = \frac{A}{(1+i)} + \frac{A}{(1+i)^2} + \frac{A}{(1+i)^3} + \cdots + \frac{A}{(1+i)^{n-1}} + \frac{A}{(1+i)^n}$$
$$= A \sum_{t=1}^{n} \frac{1}{(1+i)^t} \tag{1-3}$$

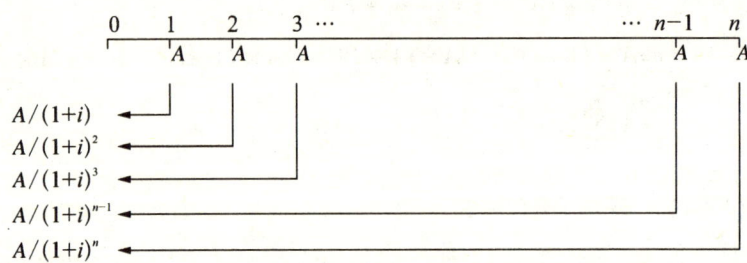

图1-2 后付年金现值

将(1-3)式两边同乘(1+i)得：

$$(1+i)PVA_n = A + \frac{A}{(1+i)} + \frac{A}{(1+i)^2} + \cdots + \frac{A}{(1+i)^{n-1}} + \frac{A}{(1+i)^{n-2}} \quad (1-4)$$

(1-4)式－(1-3)式得：

$$iPVA_n = A - \frac{A}{(1+i)^n} = A \times [1-(1+i)^{-n}]$$

$$PVA_n = A \times \left[\frac{1-(1+i)^{-n}}{i} \right]$$

也可以由后付年金终值的公式直接推导而出，我们将 $\sum_{t=1}^{n} \frac{1}{(1+i)^t}$ 或 $\frac{1-(1+i)^{-n}}{i}$ 称为年金现值系数，可以用 $PVIFA_{i,n}$ 或 $(P/A, i, n)$ 表示。为了简便计算，可以编制后付年金现值系数表，直接查表将所得的后付年金现值系数与年金 A 相乘即为其现值，公式可以简化如下：

$$PVA_n = A \times PVIFA_{i,n} = A \times (P/A, i, n)$$

 案例1-5

王某要在5年中，每年年末在银行中存入5 000元，银行存款年利率为3%。采用复利计息的方式，那么5年后王某可以获得多少钱？

$$FVA_5 = A \times FVIFA_{3\%,5} = 5\,000 \times 5.309 = 26\,545(元)$$

所以,5年后王某可以获得26 545元。

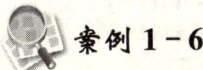 案例 1-6

赵某要在今后的4年中,每年年末从银行中取10 000元钱,银行存款年利率为3%,采用复利计息的方式,那么赵某现在需要在银行存入多少钱?

$$PVA_4 = A \times PVIFA_{3\%,4} = 10\,000 \times 3.717 = 37\,170(元)$$

所以,赵某现在需要在银行存入37 170元。

(2)先付年金的计算。先付年金是指在一定期间内每期期初实现等额收款或付款的年金。通过比较后付年金与先付年金的定义我们可以看出,后付年金与先付年金的区别就在于收款或付款的时间不同,一个是在每期期初,一个是在每期期末。

先付年金终值的计算

先付年金终值是指一定期间内每期期初实现的等额收款或付款的复利终值之和。

将后付年金终值与先付年金终值结合图1-3进行比较。

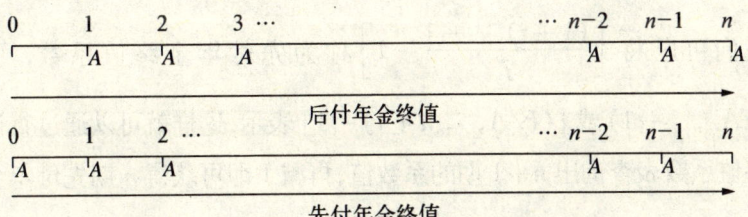

图1-3 后付年金终值与先付年金终值的比较示图

注意先付年金是在每期期初实现等额的收付,这个过程就是将$t = 0, 1, 2, 3, \cdots, n-1$时刻的资金的价值折算成$t = n$时刻的价值。

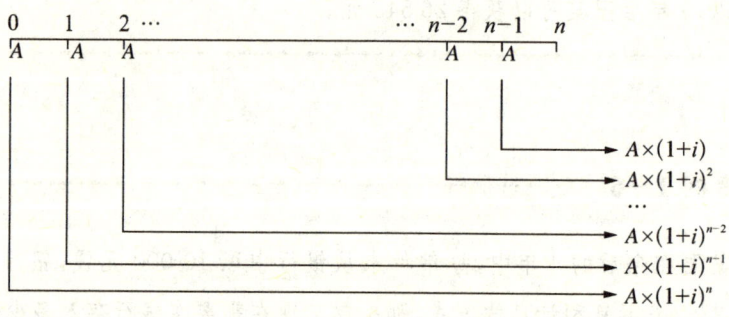

图 1-4 先付年金终值

从图 1-3 和图 1-4 我们可以看出，n 期后付年金与 n 期先付年金的收付款次数是相同的，但由于它们收付款的时间不同，进而导致 n 期先付年金比 n 期后付年金多计算一期利息。这样我们就可以根据后付年金终值的计算公式推导出先付年金终值的计算公式，只要在后付年金终值后乘以 $(1+i)$ 即可得到先付年金的计算公式：

$$FVA_n = A \times FVIFA_{i,n} \times (1+i) = A \times (F/A, i, n) \times (1+i)$$

依照上面的公式我们还可以推导出另外一个公式：

$$FVA_n = A \times FVIFA_{i,n} \times (1+i) = A \times \left[\frac{(1+i)^n - 1}{i}\right] \times (1+i)$$

$$= A \times \left[\frac{(1+i)^{n+1} - 1}{i} - 1\right]$$

$$= A \times (FVIFA_{i,n+1} - 1) = A \times [(F/A, i, n+1) - 1]$$

我们可以将 $\left[\frac{(1+i)^{n+1} - 1}{i} - 1\right]$ 称为先付年金终值系数，可以用 $(FVIFA_{i,n+1} - 1)$ 或 $[(F/A, i, n+1) - 1]$ 表示，这样就可以通过查询后付年金终值系数表查询出 $n+1$ 期的系数值，再减 1 即可获得 n 期先付年金终值系数。

先付年金现值的计算

先付年金现值是指一定期间每期期初等额的收付款复利现值之和。

将后付年金现值与先付年金现值结合图 1-5 进行比较：

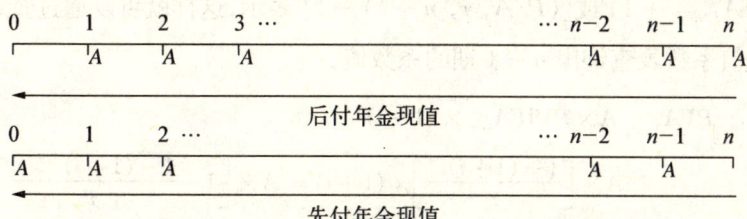

图1-5 后付年金现值与先付年金现值的比较示图

下面结合图1-6来说明。简单地说这个过程就是将 $t=0, 1, 2, 3, \cdots, n-1$ 时刻的资金的价值折算成 $t=0$ 时刻的价值。

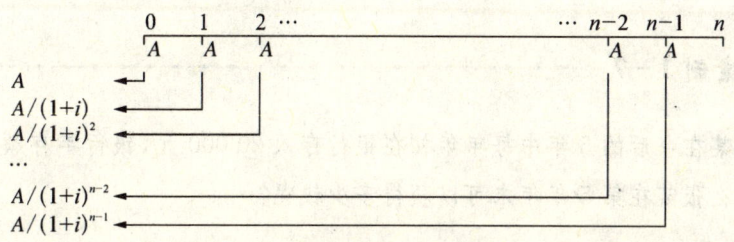

图1-6 现付年金现值

从图1-5和图1-6我们可以看出，n 期后付年金与 n 期先付年金的收付款次数是相同的，但由于它们收付款的时间不同，进而导致 n 期先付年金比 n 期后付年金少计折现一次。这样我们就可以根据后付年金现值的计算公式推导出先付年金现值的计算公式，只要在后付年金现值后乘以 $(1+i)$ 即可得到先付年金的计算公式：

$$PVA_n = A \times PVIFA_{i,n} \times (1+i) = A \times (P/A, i, n) \times (1+i)$$

由上面的公式我们还可以推导出另外一个公式：

$$\begin{aligned} PVA_n &= A \times PVIFA_{i,n} \times (1+i) \\ &= A \times \left[\frac{1-(1+i)^{-n}}{i}\right] \times (1+i) = A \times \left[1+\frac{1-(1+i)^{-(n-i)}}{i}\right] \\ &= A \times (PVIFA_{i,n-1}+1) = A \times [(P/A, i, n-1)+1] \end{aligned}$$

我们可以将 $\left[1+\dfrac{1-(1+i)^{-(n-1)}}{i}\right]$ 称为先付年金终值系数，可以用

$(PVIFA_{i,\,n-1}+1)$ 或 $[(P/A,\,i,\,n-1)+1]$ 表示,这样就可以通过查询后付年金现值系数表查询出 $n-1$ 期的系数值:

$$PVA_n = A \times PVIFA_{i,\,n} \times (1+i)$$
$$= A \times \left[\frac{1-(1+i)^{-n}}{i}\right] \times (1+i) = A \times \left[1+\frac{1-(1+i)^{-(n-1)}}{i}\right]$$
$$= A \times (PVIFA_{i,\,n-1}+1) = A \times [(P/A,\,i,\,n-1)+1]$$

再加 1 即可获得 n 期先付年金现值系数。下面举两个例子加深一下对先付年金终值和现值计算的理解。

 **案例 1-7**

张某在今后的 5 年中每年年初在银行存入 20 000 元,银行年存款利率为 4%,那么张某在第 5 年年末可以获得多少钱呢?

$$FVA_n = A \times FVIFA_{i,\,n} \times (1+i) = A \times (FVIFA_{i,\,n+1}-1)$$
$$= 20\,000 \times FVIFA_{4\%,\,5} \times (1+4\%)$$
$$= 20\,000 \times (FVIFA_{4\%,\,6-1}) = 20\,000 \times (6.633\,0-1) = 112\,660(元)$$

所以,张某在第 5 年年末可以获得 112 660 元。

 案例 1-8

刘某在今后的 4 年中每年年初要支付 15 000 元的房屋租金,银行年存款利率为 5%,那么刘某需要现在在银行中存入多少钱?

$$PVA_n = A \times PVIFA_{i,\,n} \times (1+i) = A \times (PVIFA_{i,\,n-1}+1)$$
$$= 15\,000 \times (PVIFA_{5\%,\,3}+1) = 15\,000 \times (2.723\,2+1) = 55\,848(元)$$

所以,刘某需要现在在银行中存入 55 848 元。

(3) 递延年金的计算。递延年金是指前若干期没有实现等额的收款或付款,而若干期以后每期开始有等额的收款或付款的一种年金。

递延年金终值的计算

递延年金终值是指若干期后实现的等额收付款的复利终值之和。递延年金终值的计算与后付年金终值的计算方法相同,下面结合图 1-7 进行说明。

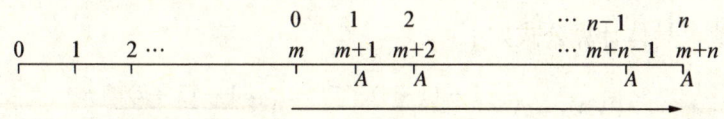

图 1-7 递延年金终值

由于前 m 期没有等额的收款或付款,因此,计算 $m+n$ 期递延年金的终值就相当于计算 n 期后付年金的终值,就是将 $t=m+1, m+2, \cdots, m+n$ 时刻的资金价值折算到 $t=m+n$ 时刻的资金价值。详细的计算过程参看后付年金终值的计算。

递延年金现值的计算

递延年金现值是指若干期后实现的等额收付款的现值之和。相对于递延年金终值的计算,递延年金现值的计算要复杂一些,现假设递延年金有 $m+n$ 期,前 m 期是递延期,没有等额的收付款,后面 n 期开始实现等额的收付款,计算递延年金的现值有两种方法。

Ⅰ. 这种方法需要将计算过程分为以下两步:

第一步:先将后面 n 期的年金折现到第 m 期期末;

第二步:再将第 m 期期末的年金按照复利现值的计算方法折现到第 1 期期初。下面结合图 1-8 说明如下:

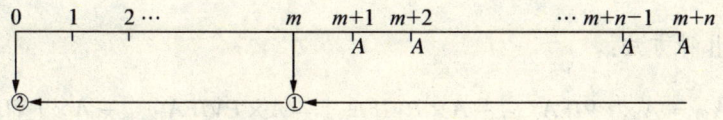

图 1-8 递延年金现值

递延年金现值的计算公式如下：

$$PVA_n = \frac{A \times \frac{1-(1+i)^{-n}}{i}}{(1+i)^m}$$

$$= A \times PVIFA_{i,n} \times PVIF_{i,m} = A \times (P/A, i, n) \times (P/F, i, m)$$

Ⅱ．这种方法是将 $m+n$ 期的递延年金先按照 $m+n$ 期的后付年金计算出其现值，再减去前 m 期后付年金的现值，这之间的差额即为 $m+n$ 期递延年金的现值。具体计算公式如下：

$$PVA_n = A \times \frac{1-(1+i)^{-(m+n)}}{i} - A \times \frac{1-(1+i)^{-m}}{i}$$

$$= A \times PVIFA_{i,m+n} - A \times PVIFA_{i,m}$$

$$= A \times (P/A, i, m+n) - A \times (P/A, i, m)$$

案例 1-9

王某打算在第 4 年年末开始每年从银行中取出 15 000 元支付房屋贷款，直到第 10 年年末结束，银行年存款利率为 5%，那么他现在需要在银行中存入多少钱？

第Ⅰ种方法：

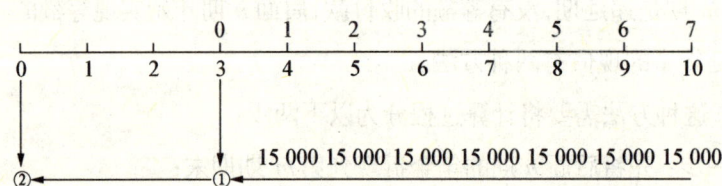

$$PVA_{10} = A \times PVIFA_{i,n} \times PVIF_{i,m} = 15\,000 \times PVIFA_{5\%,7} \times PVF_{5\%,3}$$

$$= 15\,000 \times 5.786\,4 \times 0.863\,8 = 74\,974.39(元)$$

第Ⅱ种方法：

$$PVA_{10} = A \times PVIFA_{i,m+n} - A \times PVIFA_{i,m} = A \times PVIFA_{5\%,10} - A \times PVIFA_{5\%,3}$$

$$= 15\,000 \times 7.721\,7 - 15\,000 \times 2.723\,2 = 74\,977.5(元)$$

由于年金现值系数与复利现值系数存在着一定的误差,所以两种方法的计算结果基本相同。

因此,王某需要现在在银行中存入 74 974.39 元。

---

(4) 永续年金的计算。永续年金是指没有具体期限,每期实现等额的收款或付款的一种年金,最典型的例子就是优先股股利。因此,永续年金其实是一个期限为无穷大的后付年金。

永续年金终值的计算

既然永续年金是一个期限为无穷大的后付年金,那么就可以由后付年金终值的计算方法来推导永续年金终值的计算公式如下:

$$FVA_n = A \times \left[\frac{(1+i)^n - 1}{i}\right]$$

由于永续年金的期限无限大,因此,上式中的 n 趋于无穷大,$\frac{(1+i)^n - 1}{i}$ 也就趋于无穷大,进而导致永续年金的终值趋于无穷大,所以,我们无法计算出永续年金终值具体是多少。

永续年金现值的计算

关于永续年金现值的计算公式,我们仍然要通过后付年金现值的计算方法推导出来。

$$PVA_n = A \times \left[\frac{1-(1+i)^{-n}}{i}\right]$$

由于永续年金的期限无限大,因此,上式中的 n 趋于无穷大,进而导致 $(1+i)^{-n}$ 趋于 0,所以永续年金现值的计算公式如下:

$$PVA_n = \frac{A}{i}$$

案例 1-10

李某若想设立一个奖学金基金,每年拿出 8 000 元奖励品学兼优的学生,并坚持永远做下去,银行年存款利率为 4%,那么他现在需要在银行中存入多少钱?

$$PVA_n = \frac{A}{i} = \frac{8\,000}{4\%} = 200\,000(元)$$

所以,李某现在需要在银行中存入 200 000 元,才能够支付每年 8 000 元的奖学金基金。

---

(5) 不等额现金的计算。前面所讲的年金都是等额现金流的情况,但现实中我们经常会遇到一些每次收款或付款金额不等的情况,这个时候应该如何计算其终值和现值呢?

不等额现金流终值的计算

不等额现金流终值的计算方法就是分别计算每期收款或付款的复利终值并进行加总。下面结合图 1-9 进一步说明。

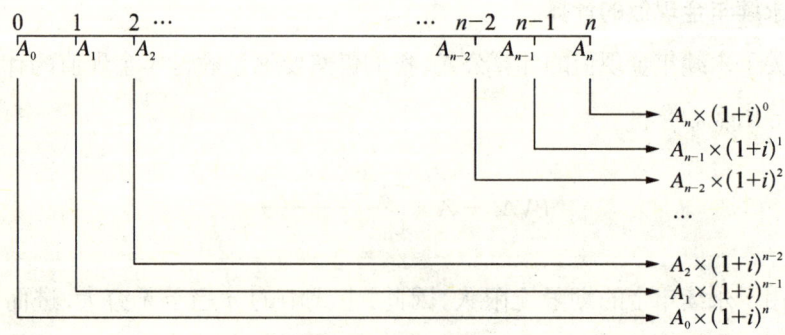

图 1-9 不等额现金流终值

不等额现金流终值的计算公式:

$$FV_n = A_0 \times (1+i)^n + A_1 \times (1+i)^{n-1} + A_2 \times (1+i)^{n-2} + \cdots$$
$$+ A_{n-1} \times (1+i)^1 + A_n \times (1+i)^0$$
$$= \sum_{t=0}^{n} A_t \times (1+i)^{n-t}$$

不等额现金流现值的计算

不等额现金流现值的计算方法就是分别计算每期收款或付款的复利现值并进行加总。下面结合图 1-10 进一步说明。

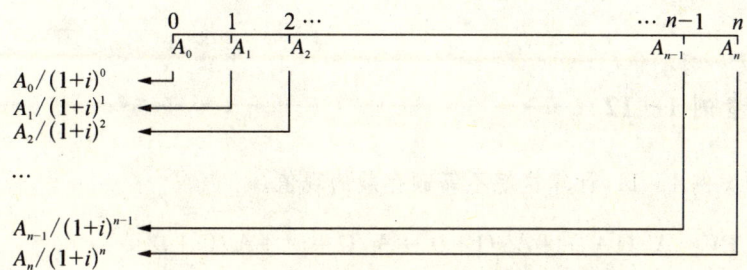

图 1-10 不等额现金流现值

不等额现金流现值的计算公式：

$$PV = A_0/(1+i)^0 + A_1/(1+i)^1 + A_2/(1+i)^2 + \cdots$$
$$+ A_{n-1}/(1+i)^{n-1} + A_n/(1+i)^n$$
$$= \sum_{t=0}^{n} A_t/(1+i)^t$$

 案例 1-11

张某每年年末在银行中存入一笔资金，银行年存款利率为 4%，计算这笔不等额存款的终值。张某每年存入银行的金额如表 1-1 所示。

表 1-1

年　份	0	1	2	3	4	5
现金流量	10 000	15 000	20 000	25 000	30 000	35 000

$$FV_5 = A_0 \times (1+i)^5 + A_1 \times (1+i)^4 + A_3 \times (1+i)^3 + A_2 \times (1+i)^2$$
$$+ A_4 \times (1+i)^1 + A_5 \times (1+i)^0$$
$$= 10\,000 \times FVIF_{4\%,5} + 15\,000 \times FVIF_{4\%,4} + 20\,000 \times FVIF_{4\%,3}$$
$$+ 25\,000 \times FVIF_{4\%,2} + 30\,000 \times FVIF_{4\%,1} + 35\,000 \times FVIF_{4\%,0}$$
$$= 10\,000 \times 1.216\,7 + 15\,000 \times 1.169\,9 + 20\,000 \times 1.124\,9 + 25\,000 \times 1.081\,6$$
$$+ 30\,000 \times 1.040\,0 + 35\,000 = 110\,453.5(元)$$

所以,这笔不等额存款的终值为 110 453.5 元。

案例 1-12

同案例 1-11,计算这笔不等额存款的现值。

$$PV = A_0/(1+i)^0 + A_1/(1+i)^1 + A_2/(1+i)^2 + A_3/(1+i)^3$$
$$+ A_4/(1+i)^4 + A_5/(1+i)^5$$
$$= 10\,000 \times PVIF_{4\%,0} + 15\,000 \times PVIF_{4\%,1} + 20\,000 \times PVIF_{4\%,2}$$
$$+ 25\,000 \times PVIF_{4\%,3} + 30\,000 \times PVIF_{4\%,4} + 35\,000 \times PVIF_{4\%,5}$$
$$= 10\,000 + 15\,000 \times 0.961\,5 + 20\,000 \times 0.924\,6 + 25\,000 \times 0.889\,0$$
$$+ 30\,000 \times 0.854\,8 + 35\,000 \times 0.821\,9 = 119\,550(元)$$

所以,这笔不等额存款的现值为 119 550 元。

(6) 不等额现金流和年金混合情况下现值的计算。不等额现金流和年金混合情况下现值的计算方法为:对于年金的部分,用年金的计算方法计算;对于不等额现金流的部分,用复利公式计算,然后将这两部分进行加总即可。下面举例说明。

案例 1-13

某公司进行了一项新的投资,每年获得的现金流入量如表 1-2 所示,利率为5%,计算这笔现金流量的现值。

表1-2　　　　　　某公司每年获得的现金流入量表　　　　　单位:元

年份	1	2	3	4	5	6	7	8
现金流量	20 000	20 000	20 000	30 000	40 000	40 000	40 000	40 000

1~3年每年的现金流量相同,可以看成一种年金;5~8年每年的现金流量相同,可以看成一种年金。

$$PV = 20\,000 \times PVIF_{5\%,3} + 30\,000 \times PVIF_{5\%,4} + 40\,000 \times PVIF_{5\%,4} \times PVIF_{5\%,4}$$
$$= 20\,000 \times 2.723\,2 + 30\,000 \times 0.822\,7 + 40\,000 \times 3.546\,0 \times 0.822\,7$$
$$= 54\,464 + 24\,681 + 116\,691.76 = 195\,836.76(元)$$

所以,这笔现金流量的现值为195 836.76元。

---

3. 货币时间价值其他方面的计算

在以上货币时间价值的计算中,我们都是已知利率、计息次数及现值来计算终值或已知利率、计息期数及终值来计算现值。但事实上,有些情况是需要我们根据已知的条件来推算出利率或计息次数的。

1) 利率的计算

利率的计算必须是在现值、终值及计息期数都已知的情况下,这样我们就可以通过一定的公式推算出利率的大小。

(1) 复利中利率的计算。本金 PV、终值 FV_n、计息期数 n 为已知,由复利终值公式:

$$FV_n = PV \times (1+i)^n = PV \times FVIF_{i,n} = PV \times (F/P, i, n)$$

可得:　　　　$(1+i)^n = FVIF_{i,n} = (F/P, i, n) = FV_n/PV$ 　　　　(1-5)

同理由复利现值公式可得:

$$1/(1+i)^n = PVIF_{i,n} = (P/F, i, n) = PV/FV_n \quad (1-6)$$

$$i = \left(\frac{FV_n}{PV}\right)^{\frac{1}{n}} - 1 \tag{1-7}$$

首先,由(1-5)式或(1-6)式得到了复利终值系数或现值系数以后,我们可以通过查询复利终值系数表或现值系数表找到对应的值,进而可以得到相应利率值。其次,不通过查询系数表,由(1-7)式也可直接获得利率。

(2) 年金中利率的计算。年金 A、年金现值 PVA_n、终值 FVA_n、计息期数 n 为已知。

后付年金利率的计算

由后付年金终值公式

$$FVA_n = A \times FVIFA_{i,n} = A \times (F/A, i, n)$$

可得:

$$FVIFA_{i,n} = (F/A, i, n) \times FVA_n / A$$

同理,由后付年金现值公式可得:

$$PVIFA_{i,n} = (P/A, i, n) = PVA_n / A$$

Ⅰ. 得到年金终值系数或年金现值系数后,我们可以通过查询年金终值系数表或现值系数表找到对应的值,进而就可以知道相应的利率值。

Ⅱ. 由于有些系数在系数表中难以找到对应的值,要想得到利率值,我们只能通过其他的方法,这种方法被称为内插法。内插法的计算过程为(以年金现值系数为例):首先,假设年金现值系数为 x,虽然在年金现值系数表中无法找到具体的 x 值,但我们可以找到与 x 值最相近的两个值设为 x_1、x_2,并满足 $x_1 < x < x_2$,进而找到 x_1、x_2 对应的利率 i_1、i_2;其次,按照公式 $i = i_1 + \frac{x_1 - x}{x_1 - x_2} \times (i_2 - i_1)$ 计算出所需的利率,年金终值系数的计算原理与年金现值系数的计算原理相同。下面举例说明。

案例1-14

张某在第1年年初借款 200 000 元购买房屋,每年年末偿还本息 28 000

元,10年还清,则借款利率是多少?

$$x = PVIFA_{i,\,10} = \frac{PVA_n}{A} = \frac{200\,000}{28\,000} = 7.142\,9$$

经查询没有与其对应的值,但可以找到两个与其最接近的值,$x_1 = 7.360\,1$, $x_2 = 7.023\,6$,对应的利率为:$i_1 = 6\%$,$i_2 = 7\%$。根据公式:

$$i = i_1 + \frac{x_1 - x}{x_1 - x_2} \times (i_2 - i_1) = 6\% + \frac{7.360\,1 - 7.142\,9}{7.360\,1 - 7.023\,6} \times (7\% - 6\%) = 6.646\%$$

所以,张某的借款利率为 6.65%。

先付年金利率的计算

由先付年金终值公式:

$$FVA_n = A \times (FVIFA_{i,\,n+1} - 1) = A \times [(F/A,\,i,\,n+1) - 1]$$

可得: $FVIFA_{i,\,n+1} = (F/A,\,i,\,n+1) = FVA_n/A + 1$

同理,由先付年金现值公式可得:

$$PVIFA_{i,\,n-1} = (P/A,\,i,\,n-1) = PVA_n/A - 1$$

同后付年金利率计算的原理相同:首先,在获得了 $FVIFA_{i,\,n+1}$ 或 $PVIFA_{i,\,n-1}$ 的值之后,查询年金终值系数表或年金现值系数表,如果有对应的值,通过推导出的公式则即可获得利率值;其次,如果年金终值系数表或年金现值系数表没有可以对应的值,则采用上面介绍过的内插法也可获得所需的利率值。

永续年金利率的计算

由永续年金现值公式:

$$PVA_n = \frac{A}{i}$$

可得: $i = A/PVA_n$

利息有时是以年为单位计算的,有时是以季度、月份或日等为单位计算

的,当出现所使用的利率是年利率,但计息期数又小于1年的情况时,我们用以下公式进行利率的换算:

用以下符号表示所需的变量:

r_m:表示计息期的利率 r:表示年利率 m:表示每年的计息次数

t:表示计息期数 PV:表示本金 n:表示年数

$$r_m = r/m \quad t = m \times n$$

这种情况下复利终值的公式为:$FV_n = PV \times (1 + r_m)^t$。复利现值公式也同理。

当出现所使用的利率是年利率,而计息期数小于1年,也就是每年计息的次数超过一次时,利率就有了名义利率与实际利率之分。名义利率(r)是指按照复利的方式,每年计息次数超过一次的年利率;实际利率(i)是指1年内实际所获利息总额与本金之比。

下面来推导一下名义利率与实际利率的关系:

第一步:计算出每次计息时的利率 $r_m = r/m$;

第二步:计算出1年年末的本利和 $FV = PV \times (1 + r/m)^m$;

第三步:计算出1年年末实际所获利息总额 $I = FV - PV = PV \times (1 + r/m)^m - PV$;

第四步:计算实际利率 $i = [PV \times (1+r/m)^m - PV]/PV = (1+r/m)^m - 1$。

实际利率的计算公式如下:

$$i = (1 + r/m)^m - 1$$

在这种情况下复利终值公式不变还是 $FV_n = PV \times (1+i)^n$。

下面举例说明计息期小于1年的货币价值的计算方法。

案例 1-15

李某购买A公司3年期债券50 000元,年利率为8%,每3个月计息一次,1年计息四次,债券到期时李某可以获得多少钱?

$$r_m = r/m = 8\% \div 4 = 2\%$$
$$t = m \times n = 4 \times 3 = 12$$
$$FV_3 = PV \times (1+r_m)^t = 50\,000 \times (1+2\%)^{12}$$
$$= 50\,000 \times 1.268\,2 = 63\,410\,(元)$$

所以,李某在债券到期时可以获得63 410元。

案例 1-16

沿用案例 1-15 的资料。

由于此案例的计息期数小于1年,所以案例 1-15 中的年利率为名义利率。我们将其换算成实际利率,即可按照复利终值的公式计算。

$$i = (i+r/m)^m - 1 = (1+8\% \div 4)^4 - 1 = 8.243\%$$
$$FV_3 = PV \times (1+i)^n = 50\,000 \times (1+8.243\%)^3 \approx 63\,410\,(元)$$

所以,李某在债券到期时可以获得63 410元。

2) 计息期数的计算

计息期数的计算必须是在现值、终值及利率都已知的情况下,这样我们就可以通过一定的公式推算出计息期数。计息期数的计算原理与利率的计算原理相同,在这里就不一一介绍了,参看利率的推导过程和方法。下面以后付年金为例说明一下计息期数的计算,主要是讲解一下如何通过内插法计算计息期数。

由后付年金终值公式:

$$FVA_n = A \times FVIFA_{i,n} = A \times (F/A, i, n)$$

可得:
$$FVIFA_{i,n} = (F/A, i, n) = FVA_n/A$$

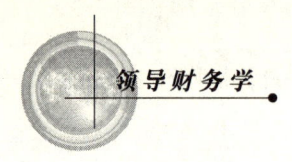

同理,由后付年金现值公式可得:

$$PVIFA_{i,n} = (P/A, i, n) = PVA_n/A$$

Ⅰ.得到年金终值系数或年金现值系数后,我们可以通过查询年金终值系数表或现值系数表找到对应的值,进而就可以知道相应的计息期数。

Ⅱ.由于有些系数在系数表中难以找到对应的值,要想得到计息期数,我们只能通过内插法。内插法的计算过程为(以后付年金现值系数为例):首先,假设年金现值系数为 x,虽然在年金现值系数表中无法找到具体的 x 值,但我们可以找到与 x 值最相近的两个值设为 x_1、x_2,并满足 $x_1 < x < x_2$,进而找到 x_1、x_2 对应的计息期数 n_1、n_2;其次,按照公式 $n = n_1 + \dfrac{x_1 - x}{x_1 - x_2} \times (n_2 - n_1)$ 计算出所需的计息期数。

三、风险

我们在分析计算货币时间价值时,是以无风险为假设前提的。但事实上,企业的任何经营活动都是离不开风险的。所以,企业的领导者、决策者及财务人员都要清晰地了解风险的含义、种类及如何衡量风险以帮助企业作出科学合理的决策,并采取一定的措施来减少企业所面临的风险。

(一)风险的含义

一般来说,在财务学中,风险是指在一定条件下和一定时期内预期结果的不确定性或实际结果偏离预期目标的程度①。所以,有时把风险理解为一种不确定性。但是,严格来说,风险和不确定性是有区别的。风险是指企业的决策者能够预测出企业所进行的经济活动可能出现的结果,以及每种结果出现的概率;不确定性是指企业的决策者无法根据现有的资料预测出企业所进行的经济活动可能出现的结果,或者即使知道了可能出现的结果但也无法

---

① 张玉明.财务管理——原理、案例与应用[M].北京:清华大学出版社,北京交通大学出版社,2010:77.

知道每种结果出现的概率。所以,企业无法作出科学合理的判断。但由于风险和不确定性确实很难区分,所以,为了方便研究问题,本书就不对风险和不确定性作严格的区分了。

(二) 风险的分类

风险根据不同的划分标准,可以划分为不同的类型。下面介绍两种划分方式。

1. 按照投资主体的不同划分

根据投资主体的不同,可以将风险分为市场风险和公司特有风险。

1) 市场风险

市场风险是指由对所有公司都产生影响的因素所引起的风险,如战争、通货膨胀、经济衰退、利率变化等,这些因素都会引起市场风险。由于这种风险对所有的投资者都产生影响,同时,投资者也无法采取投资组合等方式来加以分散,故也将这种风险称为不可分散风险或系统风险。

2) 公司特有风险

公司特有风险是指个别公司发生的特有事件而引起的风险,如罢工、诉讼失败、经营不善等。由于这种风险只是对个别投资者产生影响,而且投资者也可以通过多角化投资将风险加以分散,故将这种风险称为可分散风险或非系统风险。比如,某公司由于某个特殊事件使得其股票价格有所下降,但这只会对投资于这个公司股票的投资者产生影响,而对于未投资于此公司股票的投资者则不会产生影响。

2. 按照风险形成原因的不同划分

按照风险形成原因可以将风险划分为经营风险和财务风险。

1) 经营风险

经营风险是指企业因生产经营的问题而引起的风险,进而使得企业的收益具有不确定性。这种风险是任何商业活动都有的,故也称为商业风险。影响企业生产经营的因素有很多:首先,材料供应方面引起的风险,比如,原材料价格变化、新材料出现等;其次,生产方面引起的风险,比如,产品质量存在

问题、设备出现事故等;再次,销售方面引起的风险,比如,市场需求发生变化、市场价格发生变化、消费者偏好发生变化等;最后,一些其他方面的因素,比如,通货膨胀、经济不景气等。以上这些因素都会影响企业的生产经营,进而使得企业的收益存在一定的不确定性。

2) 财务风险

财务风险是指企业举债而引起的风险,从而使得企业的财务成果具有不确定性,故也称为筹资风险。因为要求债务人到期还本付息是债权人的权利,所以,不论企业到期时的财务状况如何,都要履行其对债务人的承诺还本付息。因此,在企业过高举债的情况下,一旦企业经营不善,就会使企业陷入债务危机,甚至有破产的可能。由此,我们可知维持适当的负债比例对企业来说至关重要。所谓适当的比例就是指所借债务既能满足企业生产经营的需要又不会给企业带来过高的风险,因为举债越高,企业所面临的风险越大,经营失败后遭受的损失也越严重;举债越低,企业所面临的风险就相对较低,经营失败后遭受的损失也相对轻一些。因此,企业在筹资时一定要考虑所面临的财务风险,切忌盲目借债。

(三)风险的衡量

企业对其所作的决策会产生何种结果事先是无法预知的,只能通过预测,推测出可能出现的结果。在这种情况下,实际发生的结果与预期的结果可能相同,也可能不同。当出现实际结果与预期结果不同的时候,我们需要某种方式来衡量所出现的偏差即对风险的衡量。由于风险往往与概率的分布相联系,所以我们可以将概率统计中的知识运用到对风险的衡量中。用来衡量风险的方法主要有以下几种。

1. 概率

在经济活动中,某一事件在相同的条件下可能发生也可能不发生,我们将这类事件称为随机事件。而概率就是用来衡量这类随机事件发生可能性大小的数值。通常情况下用 P 来表示出事件发生的概率,P_i 表示第 i 种结果出现的概率。一般情况下,将必然事件发生的概率定为 1;将不可能事件发生的概率定为 0;而一般随机事件发生的概率介于 0 和 1 之间。概率必须符合以下两项规定：

(1) $0 \leqslant P_i \leqslant 1$。

(2) $\sum_{i=1}^{n} P_i = 1$。

以上这两项规定也是我们检验概率计算是否正确的标准,概率越接近1,说明事件发生的可能性越大。下面举例说明。

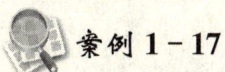 **案例 1-17**

甲公司现要进行一项投资,有 A、B、C 三个项目可以选择,具体情况参见表 1-3。

表 1-3

市场状况	概率	A项目投资收益率	B项目投资收益率	C项目投资收益率
较好	0.2	28%	20%	25%
一般	0.6	17%	18%	15%
较差	0.2	10%	15%	12%

每种市场状况出现的概率不同,其中市场状况一般这种情况概率最大,说明出现的可能性较大。

2. 期望值

期望值是指将随机变量各个取值,以其相应的概率为权数计算的加权平均值。它反映的是随机变量各取值的平均水平。其计算公式如下：

$$E = \sum_{i=1}^{n} X_i \times P_i$$

其中：E——随机变量的期望值;

n——有 n 种可能结果;

i——第 i 种结果;

X_i——第 i 种结果随机变量的取值;

P_i——第 i 种结果出现的概率。

案例 1-18

承案例 1-17,则 A、B、C 三种投资项目的期望值分别是多少?

$$E_A = \sum_{i=1}^{n} X_i \times P_i = 0.2 \times 28\% + 0.6 \times 17\% + 0.2 \times 10\% = 17.8\%$$

$$E_B = \sum_{i=1}^{n} X_i \times P_i = 0.2 \times 20\% + 0.6 \times 18\% + 0.2 \times 15\% = 17.8\%$$

$$E_C = \sum_{i=1}^{n} X_i \times P_i = 0.2 \times 25\% + 0.6 \times 15\% + 0.2 \times 12\% = 16.4\%$$

项目 A 与项目 B 的期望值是相同的,均大于项目 C 的期望值,那么所具有的风险也会与项目 C 不同。虽然项目 A 与项目 B 的期望值相同,但它们在每种市场状况下的投资收益率是不同的,项目 A 的投资收益率在每种市场状况下的变化不是很大,而项目 B 的投资收益率在每种市场状况下的变化较大,那么项目 A 与项目 B 的风险显然不同。哪个风险更大,我们还需要借助其他衡量风险的方法加以比较。

仅仅依据随机变量的期望值,我们是无法定量地衡量风险大小的,还需要借助统计学中衡量离散程度的指标。

3. 离散程度

1) 标准差

要想了解标准差的含义,首先应该先明确一个概念——方差。方差是用来表示随机变量各个取值对期望值的离散程度,通常用 σ^2 来表示,具体计算公式如下:

$$\sigma^2 = \sum_{i=1}^{n}[(X_i - E)^2 \times P_i]$$

标准差同样也是用来衡量随机变量各个取值对期望值的离散程度,只不过它是方差的平方根,通常用 σ 来表示。具体计算公式如下:

$$\sigma = \sqrt{\sum_{i=1}^{n}[(X_i - E)^2 \times P_i]}$$

随机变量各个取值对期望值的离散程度反映了其所面临的风险程度。风险的大小可以通过标准差的大小显示出来,但这里必须要满足一个条件,就是必须是在期望值相等的情况下,标准差的大小才能反映出风险的大小:标准差越大,说明风险越大;标准差越小,说明风险越小。如果在期望值不同的情况下,我们就需要寻找新的指标来衡量风险的大小。下面通过一个案例来说明如何通过标准差来衡量风险的大小。

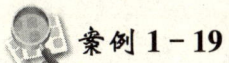

案例 1-19

接案例 1-18,分析比较一下 A、B、C 三个项目的风险大小。

$$\sigma_A = \sqrt{\sum_{i=1}^{n}[(X_i - E)^2 \times P_i]}$$
$$= \sqrt{(28\% - 17.8\%)^2 \times 0.2 + (17\% - 17.8\%)^2 \times 0.6 + (10\% - 17.8\%)^2 \times 0.2}$$
$$= 5.8\%$$

$$\sigma_B = \sqrt{\sum_{i=1}^{n}[(X_i - E)^2 \times P_i]}$$
$$= \sqrt{(20\% - 17.8\%)^2 \times 0.2 + (18\% - 17.8\%)^2 \times 0.6 + (15\% - 17.8\%)^2 \times 0.2}$$
$$= 1.6\%$$

$$\sigma_C = \sqrt{\sum_{i=1}^{n}[(X_i - E)^2 \times P_i]}$$
$$= \sqrt{(25\% - 16.4\%)^2 \times 0.2 + (15\% - 16.4\%)^2 \times 0.6 + (12\% - 16.4\%)^2 \times 0.2}$$
$$= 4.5\%$$

项目 A 和项目 B 的期望值相同,但项目 A 的标准差大于项目 B 的标准差,说明项目 A 的风险大于项目 B 的风险;由于标准差无法衡量期望值不同时的风险大小,项目 C 的期望值与项目 A 和项目 B 的期望值不同,所以我们无法通过标准差来比较项目 C 与项目 A,项目 C 与项目 B 的风险大小。

2) 标准离差率

标准离差率是用标准差与期望值的比值来表示,具体计算公式如下:

$$q = \frac{\sigma}{E}$$

标准离差率是在期望值不同的时候,用来衡量风险大小的指标。标准离差率越大,说明风险越大;标准离差率越小,说明风险越小。下面通过一个案例来说明标准离差率是如何衡量风险的大小的。

案例 1-20

承案例 1-19,比较一下项目 A 与项目 C,项目 B 与项目 C 风险的大小。

$$q_A = \frac{\sigma_A}{E_A} = \frac{5.8\%}{17.8\%} = 32.58\%$$

$$q_B = \frac{\sigma_B}{E_B} = \frac{1.6\%}{17.8\%} = 8.99\%$$

$$q_C = \frac{\sigma_C}{E_C} = \frac{4.5\%}{16.4\%} = 27.44\%$$

项目 A 与项目 C 的期望值不同,项目 A 的标准离差率大于项目 C 的标准离差率,说明项目 A 的风险大于项目 C 的风险;项目 B 与项目 C 的期望值不同,项目 B 的标准离差率小于项目 C 的标准离差率,说明项目 B 的风险小于项目 C 的风险。

总之,在期望值相同时,用标准差来衡量风险的大小:标准差越大,风险越大;标准差越小,风险越小。在期望值不同时,用标准离差率来衡量风险的大小:标准离差率越大,风险越大;标准离差率越小,风险越小。企业进行投资决策选择的一般原则是选择投资收益率较高,风险较低的投资方案,也就是选择期望值较大,标准差或标准离差率较小的投资方案。但一般情况下,收益越高,风险就越大;收益越低,风险也就相对较小。因此,企业需要权衡风险与收益之间的关系,结合其他相关因素选出最优的投资方案。

(四)风险偏好

企业在进行投资决策时不仅要考虑风险和收益,还要考虑决策者的风险偏好。不同的风险偏好,决策者的选择也会不同。风险偏好其实是指投资者对待风险的一种态度。一般来说,可以分为以下三种:风险爱好者、风险规避者及风险中立者。对于风险爱好者来说,他们喜欢高风险,因为这样也会给他们带来高收益;对于风险规避者来说,在预期收益率相同的情况下,他们会选择风险较小的投资方案;而在风险相同的情况下,他们会选择预期收益率较高的投资方案。其实,大多数的投资者都是风险规避者。对于风险中立者来说,他们既不喜欢风险也不讨厌风险。所以,在进行投资方案选择时,他们只关心预期收益率的大小,而不关心此投资方案的风险有多大。因此,在进行投资方案选择时,这也是一个需要考虑的因素。

(五)风险与收益

前面说过,企业的各项经济活动都是在一定的风险下进行的,有风险就意味着企业可能会遭受损失,但同时也意味着企业会获得收益。而且,风险越大,在企业这项经济活动失败后所遭受的损失越大,当然,如果企业这项经济活动成功的话,它获得的收益也越大。因此,我们说收益其实是对风险的一种补偿,也正因为有这种利益驱动,才会有如此多的投资者进行这种风险投资。

综上分析,我们可以知道风险与收益的基本关系为:一项经济活动或者可以说一项投资,它的风险越大,它的收益率就会越高;相反,它的风险越小,它的收益率就会相对较低。这是因为在高风险的情况下,投资者会要求较高的收益来对其所面临的高风险进行补偿,而在低风险的情况下,投资者就无权要求较高的收益对其面临的低风险进行补偿。通常情况下,我们用风险报酬来衡量高风险给投资者带来的高于其预期收益的额外报酬。那么风险报酬又是通过什么来衡量的? 一般情况下,我们用风险报酬来衡量。所谓风险报酬就是指获得超过货币时间价值的那部分报酬率,所以,我们将一项投资的投资报酬率也就是预期收益率分为两部分:一部分为货币时间价值,也就是无风险报酬率,它是投资者要求的最低报酬率;另一部分是风险报酬率,根据前面所讲风险与收益的关系可知,风险越大,风险报酬率就越大;风险越小,风险报酬率也就越小。用下面的公式和图 1 - 11 可以更清晰地表述这三者之间的关系。

$$预期收益率 = 无风险报酬率 + 风险报酬率$$

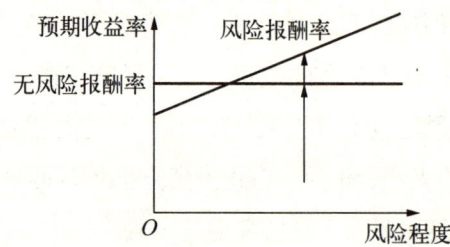

图 1 - 11　预期收益率、无风险报酬率与风险报酬率关系图

第二章 运筹帷幄——领导如何编制全面预算

日益激烈的市场竞争要求企业要不断寻求新的管理模式,以求在市场竞争中能够立于不败之地。全面预算管理的引入为企业提供了一种全新的管理模式。企业制定切实可行的预算并严格执行,是企业迈向成功的重要保障。下面就来详细介绍一下这种全新的管理模式。

一、全面预算管理概述

（一）全面预算及全面预算管理

1. 全面预算

1) 全面预算的含义

全面预算是指企业在未来某一特定期间(一般不超过1年或一个经营周期)为实现其经营目标而对全部生产经营活动所作的总体安排。从全面预算的含义可以看出,我们不能把它简单地理解为是一种财务预算,而是应该包括与企业生产经营各个方面相关的各项预算的总和。全面预算是以目标利润为导向的,因此,它是企业实现其目标利润的有力保障。这具体体现在以下几个方面:

(1) 通过编制全面预算能够帮助企业合理地分配财力、物力、人力等资源,使企业有限的资源能够发挥最大的效力以实现企业最终的经营目标。

(2) 通过编制全面预算可以使企业有效地控制成本费用的开支,同时还可以对现金收支情况进行预测,并通过编制预计利润表、预计资产负债表了

解企业的财务状况和经营成果以保证经营目标的实现。

(3) 通过编制全面预算可以增进各部门之间的沟通。因为全面预算要求企业所有部门、所有员工都要参与编制,这样就加强了各部门之间的交流,培养员工的团队精神,使得企业的生产经营活动能够在一个较为和谐的环境中进行,工作也更加有效率,这些都有利于企业实现预期的经营目标。

(4) 全面预算编制完成后就成为企业未来生产经营活动的准绳,也就是说,企业的生产经营一定要严格按照所制定的预算进行。如果发现实际执行情况与预算有差异,立刻进行分析并作出相应的调整以其能够朝着预期的方向发展,有效地将企业的生产经营控制在预算的范围内。

(5) 全面预算是企业业绩考核的依据。全面预算制定以后,要将任务下达到各部门、各员工身上,这就成为各部门及各员工今后工作的目标。企业会将实际执行情况与预算进行比较,判断所下达的任务是否完成,同时,对完成任务的部门或员工给予一定的奖励;对未完成任务的部门或员工给予一定的惩罚,此外还要帮助其分析原因,进行必要的纠正。更重要的是,这种做法有利于激励员工的工作热情,由此形成一个良性循环,使企业内部上上下下同心协力为实现经营目标而努力。

2) 预算与预测、计划及战略的区别

预算的含义容易与预测、计划及战略相混淆。为了能够更深入地理解预算的含义,我们需要理清预算与预测、计划及战略之间的区别与联系。

(1) 预算与预测的比较。第一,预测是对未来不可知因素、变量以及结果的不确定性的主观判断。当然,这种主观判断是建立在科学的基础上。具体来说,预测就是根据历史资料以及现在所能获取的信息,结合以往的经验,以一定的科学知识为基础,推测未来的发展情况及结果。而预算则是在预测的基础上,以预测所提供的数据为依据对企业未来的经营状况作出规划。所以,预测是预算的前提,没有预测就没有预算。第二,预测源于企业所面临的风险。企业根据科学、合理的预测了解到未来经营可能面临的风险,在此基础上,通过进行有效的预算对企业可能面临的风险提出防范的措施和补救的方案。所以说,通过科学的预测并进行有效预算是企业规避风险的重要措施之一。但由于预测本身具有风险性,且其风险的大小取决于据以预测的基础(如环境或变量因素)和方法是否科学、可靠。所以,预测结果的科学性与准确性在一定程度上也就决定了预算质量的高低,进而影响到预算的可行性。第三,预测只是对未来的一种合理估计,这种估计在未来不一定会发生,而预算则要求企业未来的经营要按照预算的规划进行。若实际情况与预算发生偏离则需要对其加以分析并进行调整,以求能够实现预期的结果。

(2) 预算与财务计划的比较。预算从其本质上看属于计划的范畴,但它并不等同于财务计划。首先,预算是包括企业生产经营活动各个方面的预算的总和,主要有经营预算、资本支出预算、财务预算等。所以,财务计划只是其中的一个部分,我们绝不能简单地把预算等同于财务计划,这是对预算概念狭隘的理解。所以,正确理解预算的含义也是成功实施预算的前提。其次,预算的编制是由企业各个部门共同编制的,每个部门在其中的作用都是不可忽视的,而财务计划主要是由财务部门编制的,财务部门在其中起着决定性的作用。最后,预算管理是将预算的编制、执行、监控及评价等结合起来的一种企业管理工具,而计划主要体现的是一种目标设定,很少有管理过程的参与,所以,计划的具体执行及控制也难免会被忽视。

(3) 预算与战略的比较。企业的战略是指对企业未来的长期发展所作的全局性的总体谋划,是为创造未来而设定的企业成长路径。从企业战略的含义我们可以看出:首先,战略是全局性的总体谋划,显然高于预算,所以,我们可以把预算看成是战略的细化;其次,战略的期间显然较长,而预算的期间较短,一般是1年或一个经营周期,所以,我们可以把战略的期间看成是由多个预算期间构成的,这些预算相互衔接共同构成企业的战略;最后,像企业战略这种全局性的总体谋划一般是由企业的决策层来制定的,而预算一般是由责任中心作出预算草案,经多次协调后确定的。

2. 全面预算管理

1) 全面预算管理的含义

全面预算管理是指按照企业制定的经营目标、战略目标、发展目标,层层

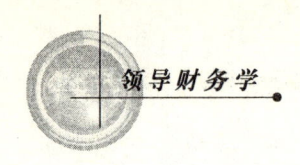

分解、下达于企业内部各个经济单位,以一系列的预算、控制、协调、考核为内容建立的一整套的指标管理控制系统,自始至终地将各个职能部门、责任单位工作的目标同企业经营目标、战略目标、发展目标联系起来,对其分工负责的经济活动全过程进行管理控制,并对实现的绩效进行考评与激励的管理系统①。

2) 全面预算管理的特点

全面预算管理相对于其他管理模式有其自身的特点,其特点主要表现为全员、全方面、全过程这几个方面。全员的意思是说企业的所有员工都要参与到全面预算管理过程中来,每个员工都有各自的任务与责任,这样有利于激励员工,使大家能够齐心协力共同完成企业的目标;全方面是说全面预算管理涉及企业的各个方面,销售、生产、成本、投资、现金流量等,所涉及的每个方面都要编制预算;全过程是说企业的全面预算管理并不单单只是某个环节的预算而是企业的整个生产经营过程的预算。全面预算管理的这些特点正是其相对于其他管理模式的优点,这在一定程度上也保证了企业经营目标的实现。

(二) 全面预算管理的前提条件

预算管理确实有利于企业的内部管理,提高企业的经济效益,但是这需要一定的前提条件,具体为以下几方面。

1. 负责的领导团体

由于全面预算管理涉及企业的方方面面,没有企业上下的通力合作,尤其是没有负责的领导者参与指导,全面预算管理就不能有效地实施,也就无法达到预期的效果。可见,负责的领导团体在预算管理中的作用至关重要。

企业的领导者在全面预算管理中的作用主要表现在以下几个方面:

(1) 企业的领导者要给予预算管理足够的重视,要将预算管理作为企业的核心任务来完成。

---

① 侯立新,曹东海.现代企业全面预算管理实务与案例[M].北京:企业管理出版社,2007.

(2) 企业的领导者要对预算模式、预算方案作出科学决策,并保证预算管理能够正确实施;同时,要对预算结果进行正确的分析与评价,这样才有利于保证预算管理能够真正发挥一定的作用。

(3) 企业在进行预算管理中难免会遇到风险,这就要求企业的领导者要敢于承担风险,同时也要尽量规避这些风险。

(4) 企业的领导者要有协调各部门之间利益冲突的能力,因为各部门之间的利益冲突会损害企业的整体利益,只有各部门之间和谐相处,大家才能齐心协力共同完成企业的目标。

2. 创新的管理观念

推行预算管理要建立一套适应新形势的企业管理模式,因此,摆正企业管理地位,更新管理观念至关重要。从摆正位置看,要充分认识到企业决胜在于市场,市场决胜在于管理;同时,还要重新审视计划管理之于企业管理的重要性,做到市场中有计划、计划中有市场,真正树立起市场与计划间的辩证关系。

创新的管理观念,要求现代企业树立一种战略管理观念,真正从市场角度出发,强化市场中的计划向导,按市场组织生产、经营和管理,真正认识到企业内部管理的优势在于系统管理、整合资源;真正认识到管理出效益是一种观念而不是流于形式的口号,从而为预算管理打下牢固的思想基础,进而实现企业预算管理的模式创新和管理飞跃。

3. 完善的基础管理工作

企业的预算管理是一种全方位的管理,涉及企业生产经营的方方面面,业务预算自然而然就成为必不可少的一项内容。这就要求业务预算所涉及的各方面都要做到规范。首先,业务预算所涉及的各种业务的开展要做到规范,同时要求作为业务预算基础的业务预测必须与市场相结合;其次,在业务经营与管理的过程中,对能耗降低、设备利用率、工序质量控制以及安全管理制度、职工的用工管理与奖励机制等,都必须做到规范,有据可依。对于强化业务管理我们可以从不同企业的业务特点和管理效率,从采购、生产(经营)与销售等几个方面着手,不断降低成本,加速资金周转,保证各项预算指标和

企业整体利润目标的实现。

4. 完善的制度体系

预算管理要真正落实并发挥效益,首先,必须有一套完整的管理制度与规则,其次,才是制度与规则的实施与绩效评价。因此,建立和完善预算管理制度,既是预算管理本身的要求,同时又是将制度从文字落实到行动的前提。完善的制度体系意味着预算管理已成功了一半。所以,这点至关重要。

(三) 全面预算管理的作用

1. 全面预算管理可以实施目标管理

企业全面管理的特点之一就是全员参与。企业制定发展目标以后通过预算将其下达到每个员工身上,同时将实现目标所要采取的方法和手段制度化、透明化,使得每个员工在预算期间都有自己所要完成的目标和责任,并且能够了解把握本部门的经济活动与整个企业发展之间的关系,这样有利于激励员工努力完成自己的目标。所以,预算管理发挥了实施目标管理的作用。

2. 全面预算管理可以控制风险

企业的任何生产经营活动都要面临一定的风险,企业需要采取一定的方法或措施尽量减少或规避其所面临的风险以减少企业未来可能遭受的损失。全面预算管理可以帮助企业在一定程度上减少所面临的风险。其原因为:首先,预算减少了企业的盲目发展,因为预算的基础是计划,而预算能够使企业的各部门提前制定计划,这样就会大大减少企业的经营风险和财务风险。其次,制定预算和执行预算的过程就是企业不断用量化的工具使自身的经营环境、自己拥有的经济资源和企业的发展目标保持动态平衡的过程,所以,全面预算管理可以帮助企业控制风险。

3. 全面预算管理可以协调关系

企业各部门的协调性对于企业的生产经营至关重要,因为只有各部门同心协力,企业的目标才能够实现,而全面预算管理正好为企业的协调性提供了保障。因为全面预算管理要求企业全员参与,而全面预算的编制也是企业内部各部门共同完成的结果,这样就促进了各部门之间的沟通与交流;同时预算使企业的高层管理者能够全面考虑企业整个价值链之间的相互关系,明确各部门的责任,这样可以减少相互间的冲突与矛盾,并不断调动各部门的积极性,最终保证企业目标的实现。

4. 全面预算管理可以强化控制

全面预算管理的特点体现为全员、全方面、全过程,这也就决定了全面预算管理实质上是对全员、全方面、全过程的一种控制。我们从企业资源利用的角度可以看出,目标的确定与预算的编制是事前控制,预算的执行与监控是事中控制,预算的差异分析与评价是事后控制。所以,我们说全面预算管理可以强化控制。

5. 全面预算管理可以改善决策

企业的资源总是有限的,那么,如何将有限的资源发挥到最大的效用就是企业需要考虑的问题,全面预算管理可以在一定程度上帮助企业解决这个问题。因为预算可以帮助企业进行科学合理的决策,减少企业发展的盲目性,实现资源的有效配置,使企业有限的资源发挥最大的效用。

6. 全面预算管理可以进行绩效评价

预算编制完成后就是企业生产经营的准绳、业绩考评的标准,企业将各部门、各员工的工作完成情况与其相比较,对于完成任务的员工给予一定的奖励,对于没有完成任务的员工给予一定的惩罚,这样有利于激励员工再接再厉。预算管理对企业各部门及其员工的日常活动进行了规范,使企业的经营活动有目标可循,有制度可依,强化了企业内部控制。

二、全面预算管理的组织基础

全面预算管理的组织体系是全面预算管理过程中起主导作用的集合体,同时也是预算运行的主体,它由预算管理委员会、预算专职部门及预算责任网络构成。

(一)预算管理委员会

对于以目标利润为导向的企业预算管理来说,预算管理委员会就是最高

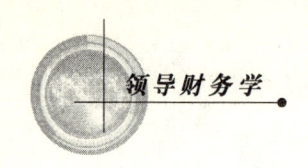

管理机构,这也就决定了它在组织体系中的核心地位。一般来说,预算管理委员会由企业的董事长或总经理任主任委员,同时吸纳企业内各相关部门的主管,主要包括主管销售的副总经理、主管生产的副总经理、主管财务的副总经理等。各部门主管通过参加预算管理委员会召开的预算会议来确定预算的目标及对预算进行调整。

预算管理委员会的主要职责是组织有关人员对目标利润进行预测,审查、研究、协调各种预算事项,具体概括为以下几项:

(1) 制定有关预算管理的政策、规定、制度等相关文件。

(2) 组织企业有关部门或聘请有关专家对目标利润的确定进行预测。

(3) 审议、确定目标利润,提出预算编制的方针和程序。

(4) 审查各部门编制的预算草案及整体预算方案,并就必要的改善对策提出建议。

(5) 在预算编制、执行过程中发现部门间有彼此抵触现象时,予以必要的协调。

(6) 将经过审查的预算提交董事会,通过后下达正式预算。

(7) 接受预算与实际比较的定期预算报告,在认真分析、研究的基础上提出改善的建议。

(8) 根据需要,就预算的修正加以审议并作出相关决定。

(二) 预算专职部门

预算专职部门的主要职责就是处理与预算相关的日常管理事务,同时直接隶属于预算管理委员会来保证预算机制的有效实施。设立预算专职部门的原因主要体现在以下两方面:

首先,预算方案应该是企业的一个全面性生产经营计划,但最初的预算草案是由各相关部门分别提供的,这就需要将这些部门提供的预算草案进行汇总。关键问题在于预算管理委员会在预算会议上确定的预算草案绝不是各相关部门预算草案的简单汇总,所以,就需要设立一个专门的部门在预算提交和确定之前对其进行初步审查、协调与综合平衡。因此,预算专职部门的第一个主要职责就是负责预算的汇总编制。

其次,管理者有时不能及时地发现预算管理中存在的问题,比如,预算额执行过程中,可能存在一些提高经济效益的方法或有些责任单位为完成预算目标可能会采取一些短期行为等,这就需要一个专职部门来及时地发现这些问题并汇报给管理者以求能得到一定改善。因此,预算的执行控制、差异分析、业绩考评等环节不能由责任单位或预算管理委员会来单独完成,必须实行预算责任单位与预算专职部门相互监控的方式,使它们之间产生一定的相互制约才能保证预算管理的有效实施。其预算专职部门的主要职责包括以下几项:

(1) 处理与预算相关的日常管理事务。

(2) 对各部门提供的预算草案进行初步审查,提出修改的意见。

(3) 将审查后的预算草案经过协调和平衡进行汇总编制。

(4) 对预算执行过程进行监控,发现问题及时与预算管理委员会沟通,提出合理有效的解决方案,避免由此给企业带来的损失,建立起预算管理委员会与执行部门之间的有效沟通。

(5) 对实际情况与预算之间的差异进行仔细的分析,提出解决方案,并报告预算委员会,及时作出调整。

(6) 对预算执行情况做必要的业绩考评。

(三) 预算责任网络

预算责任网络又称预算执行组织,是以企业的组织结构为基础,本着高效、经济、权责分明的原则来建立的,也就是各级预算责任的执行主体。它由不同的责任中心构成,包括成本中心、利润中心及投资中心。责任中心是企业内部成本、利润及投资的发生单位,这些内部单位具有一定的权限并承担着相应的经济责任,同时,每个责任中心都有相应的责任人,这些责任人被赋予一定的权利,能够对其责任区域进行有效的控制。预算责任网络中,不同的责任中心有其不同的特点和职责。

1. 成本中心

成本中心是成本的发生单位,一般情况下是没有收入的。所以成本中心仅有对成本的发生进行控制的权利,却没有对利润情况和投资效果实施控制的权利。因此,成本中心是预算责任网络中最低层次的预算责任单位。

我们可以将成本中心分为标准成本中心和费用中心。标准成本中心是指所生产的产品稳定而明确,同时了解单位产品所需投入的一种责任中心。这种成本中心通常以制造业工厂、车间、工段、班组等为代表。费用中心是指对存在较大不确定性的成本进行控制的责任单位。这种成本中心主要适用于那些产出物不能用财务指标来衡量或者投入和产出之间没有密切关系的单位。这些单位主要包括一般行政管理部门如会计、人事、劳资、计划等,研究开发部门如设备改造、新产品研制等,以及某些销售部门如广告、宣传、仓储等。

要确定成本中心首先应该明确哪些成本是可控的,哪些成本是不可控的。可控成本指的是成本可以被某些责任单位提前预知、制约并有能力使其能够按照预期的方向发展,也就是说责任中心可以通过自己的行为改变成本数额的大小。一般变动成本大多是可控成本。不可控成本指的是不具备上述条件的成本,也就是说这些成本是不受责任单位制约的。一般固定成本大多是不可控成本。此外,由各个成本中心直接发生的成本,大多属于直接成本,其可控因素较多;而有其他部门分配来的成本,大多属于间接成本,其可控因素较少。具体可以归纳为:责任单位是否可以通过自己的行为影响成本数额的大小,这些成本是不是由成本中心直接产生的。当然,这种划分并不是绝对的,有些成本对这个责任中心来说是不可控的,而对于其他责任中心来说又是可控的。所以,我们还要结合实际情况具体分析来确定成本的可控性。

对于每项需要加以控制的成本费用,责任中心都需要明确主要的责任人,每个责任人只能控制各自责任范围内的可控成本费用。

2. 利润中心

利润中心不但要对收入和成本负责,还要对收入与成本的差额即利润负责,所以它既可以对收入实施控制又可以对成本实施控制。因此,利润中心是预算责任网络中较高层次的预算责任单位,这也就决定了相对于成本中心来说它有较大的自主经营权。利润中心具有生产和销售的职能,可以决定生产什么产品、生产多少、生产资源在不同产品之间如何分配,也可以决定产品销售价格、制定销售政策,最重要的是,它有独立的、经常性的收入来源。所以,要看一个责任单位能否成为利润中心主要看它是否能获取收入,并形成利润。

利润中心根据取得收入的方式可以分为两种类型:一种是自然的利润中心,另一种是人为的利润中心。自然的利润中心是指能够直接对外销售,在市场上进行购销业务自然形成销售收入,从而成为利润的责任单位。人为的利润中心是指不直接对外销售,主要是在企业内部按照内部转移价格出售商品形成收入,从而成为利润的责任单位。比如,企业的生产车间将生产的零部件通过一定的内部转移价格出售给其他生产车间进一步加工,这个生产零部件的生产车间就可以视为人为的利润中心。

利润中心是对利润预算负责的单位,利润预算能否实现关系着总预算能否实现。所以,利润中心在预算执行单位中有着举足轻重的作用。

3. 投资中心

投资中心是指既能控制成本和收入,又能控制占用资产的单位或部门。也就是说,在以目标利润为导向的企业预算管理中,该责任中心不仅要对成本、收入、利润负责,而且还必须对其与目标投资利润率或资产利润率相关的资本预算负责。所以,投资中心是最高层次的预算责任单位。正因为如此,只有具备经营决策权和投资决策权的独立经营单位才能成为投资中心。一般来说,一个独立经营的常规企业就应该是一个投资中心。所以,投资中心应具有比其他责任中心更大的独立性和自主权,它作为企业内部最高管理层,拥有一定的资金支配权,在调配资金余缺时,应研究这些资金投放到哪个方面才是最有利的。这也就决定了投资中心的具体责任人应该是以厂长、经理为代表的企业最高决策层,投资中心的预算目标就是企业的预算目标。

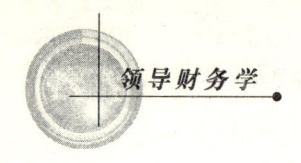

三、全面预算管理模式

每一个企业都要经历初创期、增长期、成熟期、衰退期这一生命周期。根据企业的生命周期可以将预算管理模式分为以资本预算为起点的管理模式、以销售为起点的管理模式、以成本控制为起点的管理模式和以现金流量为起点的管理模式。对处于不同生命周期阶段的企业,应结合企业所处的市场环境,选择与自身条件相适应的预算管理模式,但不一定只有处于这四个生命周期阶段中的企业才能选择这些预算管理模式。只要企业符合此种预算管理模式的条件,就可以采用这种管理模式。

(一)以资本预算为起点的管理模式

这种预算管理模式是以资本投入总量为起点,也就是说以资本预算为起点,进而编制其他各项预算。此种预算管理模式主要适用于初创期的企业,其原因为初创期的企业面临着极大的经营风险。其表现在两个方面:首先,初创期的企业要有大规模的投资,这样会导致大量的资本支出与现金支出;其次,作为投资的新产品开发的成败与否与未来的现金流量具有较大的不确定性也会导致投资风险较大。另外,此种预算管理模式还适用于企业集团的投资中心,因为这个单位的主要职责就是进行投资,所以同样可以选择此种预算管理模式。

(二)以销售为起点的预算管理模式

1. 以销售为起点的预算管理模式的含义

这种预算管理模式是以营销部门根据市场情况作出的销售预测为基础编制的销售预算为起点,再采取"以销定产"的原则来编制生产预算、采购预算、成本及费用预算等,最后再根据以上预算编制财务预算。

2. 以销售为起点的预算管理模式的编制流程

(1)企业的营销部门综合考虑市场环境、企业以往的销售业绩与企业的预期利润等,也就是说,在充分考虑各种影响因素的基础上对企业产品未来的销售情况作出合理的预测,提出一个切实可行的销售目标。

(2) 企业的销售部门以销售预测为基础,考虑企业的实际情况及可能面临的风险编制企业的销售预算。

(3) 企业的各有关部门根据销售预算编制生产预算、供应预算、成本及费用预算。第一,企业的生产部门以销售预算为基础,并考虑期初、期末存货的需要,预测出企业的生产量进而编制出生产预算,为企业的销售提供保证。第二,企业的供应部门以生产预算为基础,分别编制直接人工预算、直接材料预算与制造费用预算:首先,以生产预算为基础,确定要生产预测的生产量所需的工作人员的数量,再根据标准工资率、标准单位直接人工工时等对预算期内的人工工时的消耗及相应的人工成本的确定;其次,同样以生产预算为基础,计算此生产量所需的材料是多少,同时考虑期初、期末存货的需要确定材料采购量和材料支出;最后,确定生产过程中会发生的制造费用包括固定制造费用和变动制造费用。第三,企业将直接人工预算、直接采购预算和制造费用进行汇总进而编制出产品成本预算。第四,企业要根据销售预算编制出实现预算中产品销售活动所需的销售费用预算。同时,企业要对进行管理活动所需的费用编制管理费用预算。

(4) 企业的财务部门要根据已编制的销售预算、成本及费用预算编制利润预算。同时,企业还要根据以上的预算编制现金流量预算来帮助企业了解自己资金的情况,出现资金问题时能够及早地进行运作。一般情况下,以上的预算编制中都包含有现金支出的内容。这些都将作为企业编制预计利润表和预计资产负债表的基础。

3. 适用以销售为起点的预算管理模式的企业的原因分析

以销售为起点的预算管理模式主要适用于增长期的企业。其原因分析如下:

虽然这一时期企业的产品逐渐被市场接受,市场需求量也在增长,对产品的生产技术也能够较为稳定地把握,但企业仍面临着较大的经营风险。主要表现为以下两个方面:首先,企业的产品是否能够完全被市场所接受,市场所能接受的价格又是多少;其次,处于增长期的企业,在这一时期的主要任务

是要提高企业的可持续竞争优势为成熟期能够取得较好的效益打下基础,同时,不断拓宽企业的市场份额,提高企业的市场占有率来增加企业的销售收入。这些都需要企业投入大量的营销费用。这种营销费用的投入,一方面有助于扩大整个市场,另一方面有助于增加本企业的市场占有率,对企业来说是必要的投入,这就有可能导致此时期企业的净现金流为负值。以上这些都会增加企业的经营风险。

所以,采取"以销定产"的原则来编制生产预算、供应预算、成本费用预算等进而编制财务预算的以销售为起点的预算管理模式可以有效解决上述这些问题。它以市场为导向来组织自己的生产经营活动,使企业的产品能够符合市场的需求,这样可以有效地提高企业的市场应变能力,并且能够为企业营销战略的实施提供全方位的管理支持,这恰好符合增长期企业的需要。

(三) 以成本控制为起点的预算管理模式

1. 以成本控制为起点的预算管理模式的含义

以成本控制为起点的预算管理模式的含义顾名思义就是以成本为控制点,预算的编制以成本预算为起点,预算的控制和考核都以成本为目标、为依据的一种预算管理模式。

2. 适用以成本控制为起点的预算管理模式的企业的原因分析

以成本控制为起点的预算管理模式适用于市场成熟期的企业。其原因分析如下:

处于这一阶段的企业,市场增长较为缓慢,但具有较高且较稳定的销售份额,同时现金流量也为正值,企业的经营风险相对较低。但企业仍然面临着较大的市场风险,主要有两个:一是成熟期长短变化所导致的风险;二是成本下降风险。前者是不可控风险,后者是可控风险。也就是说,在既定产品价格的前提下,企业收益的大小完全取决于成本这一相对可控因素。这里所说的成本下降风险是指其他企业的竞争优势全部来自总成本领先战略时对企业收益的威胁。成本控制主要有两方面的含义:一方面,从企业自身角度来说,因为产品的销售价格已经没有更大的浮动空间,所以企业要不断地降低成本,才能获得利润的不断增长;另一方面,从同行业竞争来说,企业只有将自己的成本控制得比其他企业更好,才能获得更大的竞争优势,从而取得较为理想的收益。也就是说,对于成熟期的企业而言,预期利润的高低不完全取决于定价策略,而是取决于成本管理策略。因此,成本控制对于企业来说至关重要,也就是说,以成本控制为起点的预算管理模式对于处在成熟期的企业有重要的指导意义。

3. 以成本控制为起点的预算管理模式的编制流程

以成本控制为起点的预算管理模式其内在的逻辑为成本预期—现实售价—期望利润,所以,这也就决定了以成本控制为起点的预算管理模式的编制流程。

(1) 根据已有的销售价格和企业所要达到的目标利润为基础来确定企业的目标成本,因为在成熟期企业的价格和市场份额是基本确定的,企业的期望利润取决于成本的控制,通过这个就可以倒轧出企业的目标成本。

(2) 确定目标成本以后,企业的相关部门就可以以此为基础编制成本预算。

(3) 企业各相关部门根据已编制完成的成本预算为基础,以保证实现目标成本为原则来编制采购预算、产品成本预算及费用预算等。

(4) 企业根据已编制完成的预算为基础来编制财务预算。

(四) 以现金流量为起点的管理模式

以现金流量为起点的管理模式是指企业主要依据其现有的现金流量预算进行预算管理的一种模式。

以现金流量为起点的管理模式适用于衰退期企业。其原因分析如下:首先,企业原有的产品已将被市场抛弃,或被其他替代品所替代,销售出现了负增长,市场趋于萎缩;其次,这一时期的财务特征主要是有大量应收账款收回,而潜在的投资项目并未确定,因此产生了大量的现金净流量。基于以上原因,如何针对其经营特点,做到监控现金有效收回以及收回的现金如何进行有效的利用等,均应成为管理的重点。那么以现金流量为起点的管理模式,以现金流入和流出控制为核心,成为成熟期的企业的首选。但并不是只有处于成熟期的企业才可以采用这种预算管理模式。因为现金流量对于企业来说十分重要,所以很多企业都采用这种预算管理模式。

四、全面预算管理的内容

(一)全面预算的编制

1. 全面预算的编制期间

我们在编制全面预算时首先应该确定预算的编制期间,预算的编制期间可以是1周、1个月、1个季度、1年、若干年等。将预算期在1年以内的称为短期预算,预算期在1年以上的称为长期预算。短期预算与长期预算各有利弊,短期预算的资料较为可靠,预测结果更贴近实际情况,但缺乏对长期发展的规划;而长期预算虽然考虑长期发展的规划,但预算期间过长使得预测结果可能与实际情况相差甚远,影响预算的执行情况。所以我们在选择预算期间时一定要结合企业的实际情况进行详细的分析,选择是短期预算还是长期预算,也可以将短期预算与长期预算相结合。比如,我们可以制定一个长期预算,预算的第1年要详细编制,以后的预算要编制出一个轮廓,随着预算的进行再根据实际情况作出调整。

2. 全面预算的编制程序

全面预算的编制程序有两种,自上而下式与自下而上式。企业可以根据自身的实际情况进行选择。

1) 自上而下式

自上而下式的预算编制程序顾名思义就是由总部制定预算目标,各部门负责预算的编制和执行的一种程序,它是一种传统的预算编制程序。自上而下式的预算编制程序步骤具体如下:

(1) 在以目标利润为导向的企业里,股东大会或母公司提出子公司的目标利润。

(2) 子公司根据母公司提出的目标利润提出本预算期内要完成的任务

指标。

(3) 子公司内的各经营部门和职能部门根据子公司设定的任务指标结合各自的责任中心定位,提出预算方案。并将预算方案上报给子公司的预算管理部门,经过审核后再上报给子公司的董事会。

(4) 子公司的董事会将接到的预算汇总后,进行适当的调整再将其上报给母公司。

(5) 母公司接到子公司的预算后要进行再汇总,并由预算管理委员会进行协调、讨论并与子公司进行再次确认,然后以母公司名义下达给各子公司。

(6) 子公司接到母公司的预算方案后经讨论没有问题后下达给各经营单位和各职能部门。

(7) 各经营部门和各职能部门接到预算指标后,严格按照预算指标进行具体的实施。

2) 自下而上式

自下而上式是与自上而下式相反的一种编制程序。简单地说就是母公司只提出财务目标并负责最终的审批,由各部门具体确认预算责任的一种程序。其具体步骤如下:

(1) 母公司董事会提出预算编制的指导性原则并提出预算期间的财务目标。

(2) 子公司根据母公司提出的财务目标结合自身的情况,提出预算期内可以完成的任务目标,并制定相应的预算。

(3) 子公司将制定完毕的预算上报给母公司授权的预算管理委员会,经其审批后下达给各经营部门和各职能部门负责具体执行,同时将预算上报给母公司备案。

无论是自上而下式还是自下而上式都是企业上下沟通,反复协调的过程。

3. 全面预算的编制方法

预算的编制方法对于预算的编制来说至关重要,主要有以下几种方法。

1) 固定预算与弹性预算

(1) 固定预算。固定预算又称静态预算,是指根据预算期内正常的、可实现的某一固定业务量水平,比如生产量、销售量作为唯一基础来编制预算的一种最传统、最基本的方法。也就是说固定预算不考虑预算期内其他可能发生的情况只根据唯一固定的业务量来编制预算。

这种预算方法的优点是它的操作过程比较简便,减少了预算编制的时间,同时也大大降低了预算编制的成本。这种预算方法的缺点是:首先,由于固定预算是以固定业务量作为唯一的编制基础,所以在预算期内,当这一固定业务量可能发生变动时,也不能对其进行调整,仍旧按这一业务量编制预算,缺乏灵活性;其次,当实际发生的业务量与预算选定的业务量发生较大差异时,预算就丧失了它的可比性,使我们不能据此进行分析和考核预算的执行情况,也就发挥不出预算管理的优势。

因此,这种预算方法多用于业务量较为稳定的企业以及一些非营利组织,还用于编制生产预算、成本及费用预算及利润预算等。

(2)弹性预算。弹性预算又称变动预算或滑动预算,是与固定预算相对应的一种具有伸缩性的预算。它是指在不能准确预测出预算期内业务量水平的情况下,根据业务量、成本和利润之间的依存关系,以预算期内可能发生的各种业务量水平为基础编制出不同预算的一种方法。

弹性预算克服了固定预算的一些缺点:首先,弹性预算不再是以唯一固定业务量水平为基础编制的一种预算,而是以多种业务量水平为基础编制的一组预算,当实际情况与预算发生差异时,不需要对预算做频繁的改动,因为用弹性预算方法编制的预算能够适应不同的经营情况,从而扩大了预算的使用范围;其次,由于我们是根据多种业务量水平编制了一组预算,所以当实际的业务量与预计的业务量不同时,我们可以在预计的多种业务量中选择与实际业务量相一致的业务量,将实际情况与实际业务量相应的预算额作比较进行分析和考核预算的执行情况,所以,弹性预算使预算具有比较客观的可比性,发挥了预算管理的优势。以上这些都是弹性预算的优势,但同时,它也具有一定的缺点。其一,使用弹性预算方法编制预算的工作量较大,同时,增加了预算编制的时间和预算编制的成本;其二,如果编制预算时确定业务量的依存关系发生变化,会增加调整的工作量。

2) 增量预算与零基预算

(1) 增量预算。增量预算法是指以前期预算执行结果为基础,同时考虑预算期内可能引起预算变动的各个因素。其主要就是以前期成本费用水平为基础同时结合预算期的业务量水平,相应地调整原有预算数额的一种传统编制方法。

这种预算方法的优点是：它的编制过程比较简单,因为不需要对预算的内容做较大的改变,只需要在原有预算的基础上做一些相应的调整即可。这种预算方法的缺点是：首先,由于增量预算是在前期预算执行结果基础上进行调整,就免不了要受到前期事实的影响,不加分析地保留原有预算的所有项目,不去考虑这些项目中是否存在不合理的因素或是否有必要继续保留这些项目,导致这些不合理的因素或项目继续延续下去,增加了企业不必要的成本费用支出,给企业造成了一定的损失。其次,指按原有的项目编制预算,而不考虑未来预算期可能出现的新项目,导致预算的不足,阻碍了企业未来的发展。

(2) 零基预算。零基预算是为了克服增量预算的缺点而设计的。它是指在编制预算期的任何预算项目时,不考虑前期的任何预算执行结果,遵循一切从零开始,重新考虑预算期的业务量水平与成本费用水平,同时结合实际情况与预算期所应该达到的经营目标,进而确定预算期的预算额。

这种预算编制方法的优点是：首先,不受前期预算执行结果的影响,使得不合理的项目和不合理的因素不会延续下去,消除了企业不必要的成本费用支出;其次,可以充分调动员工的积极性,促进各部门精打细算,降低费用支出,提高现有资金的合理利用率;最后,不受前期成本费用的束缚,能够充分考虑有利于企业未来发展的项目,给予充足的预算,有助于企业的发展。这种预算的缺点是：首先,不以前期的预算执行结果为参考,一切从零开始,重新逐个考虑每一个预算项目,使得编制的工作量大,编制时间较长;其次,编制预算的时候会觉得缺少依据,使得大家很难达成一致。

3) 定期预算与滚动预算

(1) 定期预算。定期预算是指在编制预算时以固定不变的会计期间作为

预算期的一种编制方法。

这种预算编制方法的优点是：它能够将预算期间与会计期间结合起来，便于对预算的执行结果进行考核和评价。这种预算编制的缺点是：首先，定期预算一般都要提前两三个月编制，但是企业很难对整个预算期的生产经营活动作出准确的预算，特别是对预算期的后期，这样就使得数据显得过于笼统，缺乏远期的指导性，不利于预算的执行；其次，定期预算不能依据情况的变化作出调整，这就使得在预算期间企业的生产经营发生重大变化时，会造成预算的滞后；最后，定期预算对于预算期间的限制，使得企业的经营管理者的规划仅局限于本期，而不会考虑企业的未来状况，不利于企业长远的利益和发展。

(2) 滚动预算。滚动预算又称永续预算，它主要是针对定期预算的缺点而设计的一种预算编制方法。它是指预算期间始终保持在12个月，但却不是固定不变的会计期间，而是不断向前滚动的。

滚动预算可分为三种方式：第一种方式，每过1个月，都要根据预算的实际执行情况作出调整，在预算期末再加上1个月的预算，使预算期间总保持在12个月；第二种方式，每过1个季度，根据这个季度预算的实际执行情况作出相应的调整，在预算期末再加上1个季度的预算，这样预算期间也始终保持在12个月；第三种方式，以季度为单位，即1年分为4个季度，先详细编制第1个季度的预算，也就是说每个月都要编制，其他3个季度的预算进行笼统的编制即可，第一个月的预算执行完以后，根据第一个月的实际执行情况来编制第四个月的预算，第二个月的预算执行完以后，再来编制第五个月的预算，以此类推，这样时间间隔刚好为3个月，即1个季度。

这种预算编制方法的优点是：首先，这种方法不以固定的会计期间为预算期间，能够对企业未来的经营状况作出连续不断的规划，从动态中去把握预算，体现了预算的连续性；其次，预算期间仍维持在12个月，保持了预算的完整性；最后，滚动预算能够根据前期预算的执行情况结合各种因素可能发生变动时产生的影响，及时调整近期的预算，使预算更加合理，发挥预算应有的指导和控制作用。这种预算编制方法唯一的缺点就是预算编制的工作量较大。

4) 概率预算

以上这几种预算编制方法都是以预算期间各个变量的预算值都是确定的为前提,但事实上,预算期间内市场变化会比较大,企业的生产经营中也会存在很多不确定的因素。因此,我们很难对各个变量作出准确的估计,只能估计出各个变量变化的范围,然后根据各个变量在这个范围内出现的可能性,也就是概率计算出各个变量的期望值,进而对预算数进行调整,编制出预算。它其实也是一种弹性预算。

这种预算编制方法的优点是考虑问题比较全面,将预算期间可能出现的各种情况都包括进来。这种方法的缺点是各个变量可能出现的范围及概率的估计有一定的困难,这里会有很多人为方面的因素,影响预算的客观性。我们可以依据以往的资料分析各个变量可能出现的范围及概率。

5) 基础预算法

基础预算是指以基础数组作为预算编制的底线,可根据实际情况在此基础上适当地增加预算数额,也就是说编制的预算数额要大于或等于基础数组的数额。在此基础上的每一个增量数组都表示增加的业务量或活动所需要的资源。这里所说的基础数组是指维持最低营运水平所需要的最少资源。

6) 电子预算

电子预算是为了克服传统预算编制方法的不足而设计的。传统的预算编制都是手工进行的,这样就使得预算编制的工作量较大,编制的时间过长,而且编制的内容也不够全面。在这个竞争激烈的社会里,企业需要不断提高自己的竞争优势才能在市场中占有一席之地,所以面对21世纪如此发达的网络经济时代,企业需要采用电子预算方法才能对不断变化的市场环境及时地作出调整,以适应竞争的需要,这样才能不断提高企业的竞争力,使企业立于不败之地。

电子预算是由人工智能结合企业组织规则发展起来的一种网络式预算编制方法。它将企业各方面的局部信息整合成具有完整框架的预算体系,从而使预算额编制更加准确、及时、有效。

这种预算编制方法的优点是:首先,电子预算方法下,企业的预算编制具有统一的标准,使得不同部门的预算编制规范化。因为在传统预算编制方法下,不同部门会按照各自的标准编制预算,汇总后就需要不断地进行修改和整合以统一标准,使用电子预算后可以减少企业的调整时间。其次,电子预算方法下,企业某个部门若想修改预算中的某个数据只需要在预算系统中进行更改即可,同时,还可以立即获得数据的改变对整个预算的影响,而不需要同各部门进行沟通协调,重新编制预算,减少了企业的工作量。最后,电子预算将企业需要的历史资料进行了汇总,以备企业需要时能够及时获取。

4. 全面预算的内容及具体编制

全面预算是由一系列单项预算组成的有机整体,一个完整的企业全面预算应包括经营预算、资本支出预算、财务预算三大部分。其具体内容如下。

1) 经营预算

经营预算是指企业发生的与日常业务直接相关的基本生产经营活动的预算,主要包括销售预算、生产预算、直接材料预算、直接人工预算、制造费用预算、产品成本预算、期末产成品存货预算、销售与管理费用预算。

(1) 销售预算。销售预算的主要内容是预计销售量、预计销售单价和预计销售收入。企业销售预算的编制要以销售预测为基础,根据预测的企业未来期间的销售量和销售单价,进而求出企业未来期间的销售收入。其计算公式如下:

$$销售收入 = 销售量 \times 销售单价$$

销售预算是企业全面预算的编制起点,而取得的销售收入是企业最主要的现金收入。所以,销售预算的编制在整个全面预算的编制中起着至关重要的作用。这也就要求企业所做的销售预算的基础——销售预测一定要科学、准确、合理。所以,企业在预测销售量与销售单价时,一定考虑以往的销售资料,同时结合市场环境变化、产品市场占有率、企业竞争力、国内外的经济形势、企业的促销方式等各方面因素进行综合考虑,使预测的结果能够尽可能地接近事实。

第二章 运筹帷幄——领导如何编制全面预算

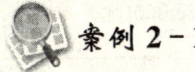
案例 2-1

甲企业生产 A、B、C 三种产品，2011 年每个季度预计的销售价格、销售量如表 2-1 所示，根据此表编制甲企业 2011 年的销售预算（如表 2-2 所示）。销售收入中有 70% 可以在本期收到现金，其余 30% 要在下一年度收回。

表 2-1　　　　　甲企业 2011 年各产品的销售预测

项目	A 产品	B 产品	C 产品
预计销售量（件）	10 000	13 000	8 000
销售价格（元）	100	150	200

根据销售收入的计算公式如下：

$$销售收入 = 销售量 \times 销售单价$$

可得：

A 产品销售收入 = 10 000 × 100 = 1 000 000（元）
B 产品销售收入 = 13 000 × 150 = 1 950 000（元）
C 产品销售收入 = 8 000 × 200 = 1 600 000（元）

表 2-2　　　　　甲企业 2011 年产品销售预算

项目	A 产品	B 产品	C 产品	合计
预计销售量（件）	10 000	13 000	8 000	
销售价格（元）	100	150	200	
预计销售收入（元）	1 000 000	1 950 000	1 600 000	4 550 000
预计现金收入				
年初应收账款（元）	270 000	540 000	510 000	1 320 000
现金销售收入（元）	700 000	1 365 000	1 120 000	3 185 000
现金收入合计（元）	970 000	1 905 000	1 630 000	4 505 000

下一年度的应收账款为：

$$1\,000\,000\times30\%+1\,950\,000\times30\%+1\,600\,000\times30\%=1\,365\,000(元)$$

(2) 生产预算。生产预算是在销售预算的基础上编制的。企业预算期间的生产量不但要满足销售的需要,还要保持一定量的存货以备不时之需,这就需要我们在编制生产预算时同时考虑预算期间期初、期末的存货数量。但确定存货的数量一定要谨慎,过多的存货会造成企业产品的积压,影响企业资金周转;而过少的存货,万一发生产品供不应求,不能对其及时地进行补充,造成企业产品供应的短缺,会给企业带来一定的损失。所以,生产预算的主要内容是预计销售量、预计期初存货数量、预计期末存货数量及预计生产量,其中预计生产量按如下公式确定:

预计生产量＝预计销售量＋预计产品期末存货－预计产品期初存货

案例 2-2

承案例 2-1,同时各产品预计期初和期末存货数量如下:

预计期初存货数量：A 产品：1 600 件　　预计期末存货数量：A 产品：1 500 件

　　　　　　　　　B 产品：1 800 件　　　　　　　　　　　B 产品：2 000 件

　　　　　　　　　C 产品：1 100 件　　　　　　　　　　　C 产品：1 000 件

根据计算公式如下：

预计生产量＝预计销售量＋预计产品期末存货－预计产品期初存货

可得：

A 产品预计生产量＝10 000＋1 500－1 600＝9 900 件

B 产品预计生产量＝13 000＋2 000－1 800＝13 200 件

C 产品预计生产量＝8 000＋1 000－1 100＝7 900 件

如表 2-3 所示。

表2-3　　　　　　　甲企业2011年产品生产预算　　　　单位：件

项　目	A产品	B产品	C产品
预计销售量	10 000	13 000	8 000
＋预计产品期末存货	1 500	2 000	1 000
－预计产品期初存货	1 600	1 800	1 100
预计生产量	9 900	13 200	7 900

（3）直接材料预算。直接材料预算是在生产预算的基础上编制的，它不但要考虑生产需用量，同时还要考虑期初、期末的材料存货。所以，直接材料预算的主要内容包括预计生产需用量、预计材料期初存货、预计材料期末存货及预计采购量。预计采购量按如下公式计算：

预计采购量＝预计生产需用量＋预计材料期末存货－预计材料期初存货

其中，预计生产需用量是由预计生产量和单位产品材料用量来确定的，而上1个月或1个季度的材料期末存货就是下1个月或下1个季度材料的期初存货。

案例2-3

承案例2-2，同时假设各产品所用材料不同，且每种产品只用一种材料，采购直接材料货款中有70％需要在本年支付，其余30％可以在下一年度支付，直接材料需用量，预计材料期初、期末存货数量如下（2011年产品直接材料预算如表2-4）。

单位产品直接材料需用量（千克/件）：

A产品：1.5　　　　　B产品：1.8　　　　　C产品：2.0

直接材料单价(元/千克):

A 产品:10   B 产品:15   C 产品:20

预计材料期初存货(千克):

A 产品:2 500   B 产品:3 500   C 产品:2 300

预计材料期末存货(千克):

A 产品:3 800   B 产品:4 700   C 产品:3 700

表2-4　　　　　**甲企业 2011 年产品直接材料预算**

项　　目	A 产品	B 产品	C 产品	合　计
预计生产量(件)	9 900	13 200	7 900	
单位产品直接材料需用量(千克/件)	1.5	1.8	2.0	
预计生产需用量(千克)	14 850	23 760	15 800	
＋预计材料期末存货(千克)	3 800	4 700	3 700	
－预计材料期初存货(千克)	2 500	3 500	2 300	
预计采购量(千克)	16 150	24 960	17 200	
直接材料单价(元/千克)	10	15	20	
直接材料成本(元)	161 500	374 400	344 000	879 900
预计现金支出				
年初应付账款(元)	45 000	105 000	108 000	258 000
直接材料成本(现金支付)(元)	113 050	262 080	240 800	615 930
现金支出合计(元)	158 050	367 080	348 800	873 930

下一年度应付账款 = 161 500×30％+374 400×30％+344 000×30％ = 263 970(元)

(4) 直接人工预算。直接人工预算也是在生产预算的基础上编制的,它的主要内容包括预计生产量、单位产品直接人工小时、直接人工总工时、每小时人工成本及直接人工总成本。

预计直接人工总成本 = 直接人工总工时 × 小时工资率
= 预计生产量 × 单位产品直接人工小时 × 小时工资率

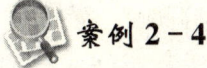
案例 2-4

承案例 2-3,同时各产品直接人工小时如下:

单位产品直接人工小时:

A 产品:1　　　　　B 产品:2　　　　　C 产品:3

甲企业 2011 年产品直接人工预算见表 2-5。

表 2-5　　　　　　　**甲企业 2011 年产品直接人工预算**

项　目	A 产品	B 产品	C 产品	合　计
预计生产量(件)	9 900	13 200	7 900	
单位产品直接人工小时(小时/件)	1	2	3	
直接人工总工时(小时)	9 900	26 400	23 700	60 000
每小时人工成本(元)	15	15	15	
直接人工总成本(元)	148 500	396 000	355 500	900 000

(5) 制造费用预算。制造费用预算是指对除直接材料与直接人工以外的其他生产费用的计算。按与生产量之间的相关性,可以将制造费用分为固定制造费用与变动制造费用。固定制造费用预算与变动制造费用预算的编制方法是不同的,所以,需要将它们分开编制。

首先,固定制造费用的编制。固定制造费用是指与产品产量不存在依存关系的制造费用,所以,编制固定制造费用时只需根据上一期的实际情况逐项做相应的调整即可。

其次,变动制造费用的编制。变动制造费用是指与产品产量存在依存关系的制造费用,所以,我们要以生产预算为基础进行编制。

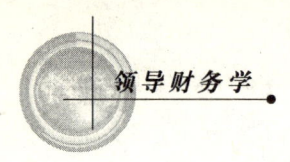

这里需要注意的是,制造费用预算的编制是涉及现金支出的,但折旧费用并不涉及现金的支出,所以,在制造费用预算中计算现金支出时,要将其扣除。

制造费用分配率 = 预计制造费用 / 标准总额(标准总额可以是直接人工总工时,也可以是其他标准总额)

承案例 2-4,以直接人工总工时为标准总额,甲企业 2011 年产品制造费用预算见表 2-6,各产品制造费用预算见表 2-7。

表 2-6　　　　　　甲企业 2011 年产品制造费用预算

	费用项目	金额(元)
变动制造费用	间接材料费用	90 000
	间接人工费用	90 000
	维修费	75 000
	水电费	75 000
	其他	35 000
变动制造费用合计		365 000
固定制造费用	折旧费	100 000
	管理人员工资	100 000
	保险费	70 000
	其他	25 000
固定制造费用合计		295 000
总计		660 000
预计现金支出		
一折旧费用		100 000
现金支出合计		560 000

制造费用分配率 = 预计制造费用 / 标准总额 = 660 000 ÷ 60 000 = 11(元 / 小时)

表2-7　　　　　甲企业2011年各产品制造费用预算

项　目	A产品	B产品	C产品
制造费用分配率	11	11	11
直接人工总工时(小时)	9 900	26 400	23 700
制造费用(元)	108 900	290 400	260 700

(6) 产品成本预算。产品成本预算主要是在生产预算、直接材料预算、直接人工预算与制造费用预算的基础上编制的,它的主要内容是反映单位产品成本和总成本,所以,编制产品成本预算可以为预计利润表中的销货成本提供数据。我们在编制完直接材料预算、直接人工预算与制造费用预算以后,将它们进行汇总后就可以得到产品成本预算。

案例2-6

承案例2-5,甲企业2011年产品成本预算见表2-8。

表2-8　　　　　甲企业2011年产品成本预算　　　　　　　　单位:元

项　目	A产品	B产品	C产品	合计
直接材料	161 500	374 400	344 000	
直接人工	148 500	396 000	355 500	
制造费用	108 900	290 400	260 700	
产品总成本	418 900	1 060 800	960 200	2 439 900
预计生产量	9 900	13 200	7 900	
产品单位成本	42.31	80.36	121.54	

同时还可以编制甲企业2011年原材料存货(见表2-9)、产成品存货(表2-10)、销售成本(见表2-11)。

表2-9　　　　　　　　甲企业2011年原材料存货

项　　目	A产品	B产品	C产品	合　计
原材料期末存货数量(件)	3 800	4 700	3 700	
单价(元)	10	15	20	
原材料期末存货余额(元)	38 000	70 500	74 000	182 500

表2-10　　　　　　　甲企业2011年产成品存货

项　　目	A产品	B产品	C产品	合　计
原材料期末存货数量(件)	1 500	2 000	1 000	
单价(元)	42.31	80.36	121.54	
原材料期末存货余额(元)	63 465	160 720	121 540	345 725

表2-11　　　　　　　　甲企业2011年销售成本

项　　目	A产品	B产品	C产品	合　计
产品单位成本(元)	42.31	80.36	121.54	
销售量(件)	10 000	13 000	8 000	
销售成本(件)	423 100	1 044 680	972 320	2 440 100

(7) 销售与管理费用预算。销售与管理费用预算是指对除制造费用以外的其他费用的计算,主要就是销售费用与管理费用。销售费用预算是指为实现销售预算所需费用的预算,它以销售预算为基础,同时我们一定要仔细分析销售收入、销售利润及销售费用三者之间的关系,使销售费用的预计更加合理;管理费用预算是指企业管理部门为支持企业的生产经营活动所发生的各种费用的预算。

案例2-7

承案例2-6,甲企业2011年销售与管理费用预算见表2-12。

表 2-12　　　　甲企业 2011 年销售与管理费用预算

费用项目	项　　目	金额(元)
销售费用	销售人员工资	100 000
	广告费用	100 000
	运输费用	45 000
	其他	30 000
销售费用总计		275 000
管理费用	管理人员工资	100 000
	办公费	55 000
	保险费	50 000
	其他	35 000
管理费用总计		240 000
总　计		515 000

2) 资本支出预算

资本支出预算是指企业不经常发生的一次性业务的预算，主要就是企业长期投资预算，如购置、更新固定资产预算，厂房扩建、改建预算等。

3) 财务预算

财务预算是指反映企业现金收支、经营成果和财务状况的预算，主要包括现金预算、预计利润表、预计资产负债表。

(1) 现金预算。现金预算主要是反映企业预算期间现金收支的详细情况的预算。其主要目的在于使企业管理者能够在资金不足时及时地补充资金，资金多余时及时处理资金使资金发挥应有的作用，以保证企业的生产经营活动能够顺利地进行。它是以经营预算和资本支出预算为基础编制的。现金预算的主要内容包括现金收入、现金支出、资金的筹集和运用、现金余缺。

第一，现金收入。现金收入主要包括期初现金余额和预算期间的现金收入。其中,预算期间的现金收入包括两个方面:一方面是企业经营方面取得的收入,主要就是销售收入,这个可以从销售预算中获得;另一方面是其他方面取得的收入,如处置固定资产取得的收入。

第二,现金支出。现金支出主要是企业在预算期间的各项现金支出。这里的现金支出不仅包括企业在经营方面产生的各项支出,包括直接材料、直接人工、制造费用、销售与管理费用等,还包括其他方面支出,如支付税款、支付股利、购买机器设备等。

第三,资金的筹集和运用。资金的筹集和运用主要是反映预算期内企业预计要向银行贷款或偿还及支付利息等情况。

第四,现金余缺。如果现金收入与现金支出的差额即净现金流为正,说明现金的收入大于现金的支出,产生了现金的盈余,企业要充分利用现金盈余使其发挥最大的效应;如果现金收入与现金支出的差额即净现金流为负,说明现金的收入小于现金的支出,产生了现金不足,企业需要进行资金的筹措以保证生产经营活动的正常进行。

案例 2-8

承案例 2-7,甲企业 2011 年现金预算如表 2-13。

表 2-13　　　　　　　　甲企业 2011 年现金预算　　　　　　　单位:元

项目	金额
期初现金余额	500 000
＋现金收入	
销售收入	4 505 000
现金收入合计	4 505 000
－现金支出	
直接材料	873 930
直接人工	900 000

(续表)

项目	金额
制造费用	560 000
销售及管理费用	515 000
所得税	400 000
现金支出合计	3 248 930
净现金流量	1 256 070
期末现金余额	1 756 070

净现金流量＝现金收入－现金支出

期末现金余额＝期初现金余额＋净现金流量

所得税的支出是根据预算期的销售情况和利润情况估计所得。

(2) 预计利润表。预计利润表是指反映企业未来期间的收入、成本及利润情况的一种预算报表。利润表的编制可以帮助企业管理者了解企业的盈利情况，据此适时调整其经营策略。预计利润表是在以上各经营预算的基础上编制的，编制方法与一般财务报表中的利润表相同。

案例 2-9

承案例 2-8，甲企业 2011 年预计利润表见表 2-14。

表 2-14　　　　　　　甲企业 2011 年预计利润表　　　　　　单位：元

项目	金额
销售收入	4 550 000
一销售成本	2 440 100
毛利	2 109 900

(续表)

项　　目	金　　额
—销售及管理费用	515 000
利润总额	1 594 900
—所得税	400 000
净利润	1 194 900

所得税来源于表 2-13。

销售成本来源于表 2-11。

---

(3) 预计资产负债表。预计资产负债表是指反映预算期间企业各项资产、负债和所有者权益的账户余额的一种报表。它是在预算期期初资产负债表的基础上，经过对经营预算和现金预算中的有关数字进行适当调整，进而得出预计资产负债表。其编制就是按照资产负债表的内容和格式编制的，主要根据会计等式"资产=负债+所有者权益"来反映这三者之间的关系。由于涉及上一年的资产负债表情况，在这里就不举例说明了。

企业全面预算的各项内容是前后衔接、密不可分的，它们紧密配合形成了一个有机的整体。经营预算和资本支出预算是财务预算的编制基础，财务预算是对经营预算和资本支出预算所涉及的现金流的汇总。往往财务预算要在最后编制。全面预算各项内容的关系如图 2-1 所示。

5. 全面预算编制时应注意的问题

(1) 全面预算的编制要避免短期行为。全面预算与业绩相关联，企业的管理层很可能因为追求一时的业绩而产生短期行为，但这种行为会严重影响企业的长远发展。所以企业在编制全面预算时一定要避免这种短期行为，从企业的长远利益出发。

(2) 全面预算的预算期不要过长。全面预算的预算期一定不要过长，即使是长期规划也不要超过 3 年。如果预算期过长，会对企业产生束缚，影响企

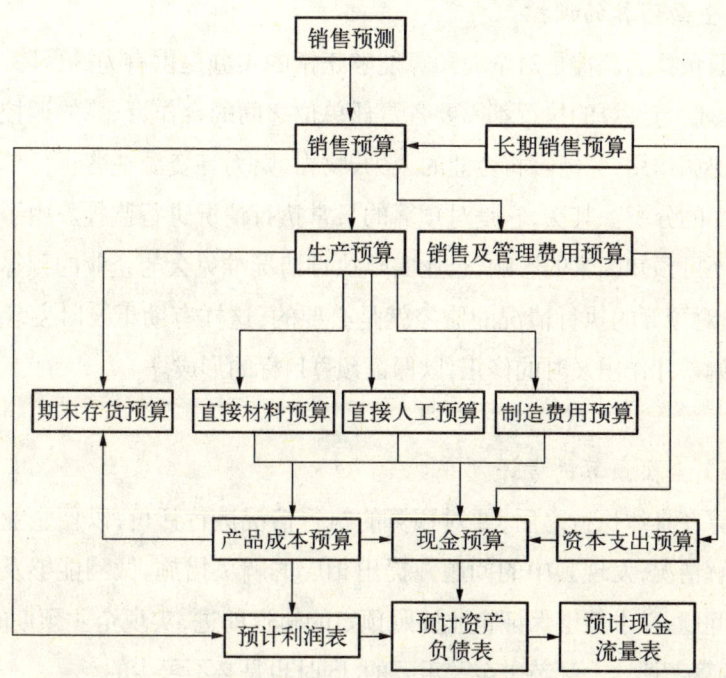

图 2-1　全面预算的基本框架

业的发展。如美国的一些公司,长期计划一般都是 7~8 月制定,跨度为 3 年:计划的第 1 年,确实是对当年的预测,由 7 个月的真实业绩和 5 个月的估计值组成;计划的第 2 年是下一个会计年度。这样下来,在一个 3 年的规划里,就有了一个来年预算的早期轮廓,以后年度再根据实际情况作出调整。所以,企业在编制全面预算时预算期一定不要过长。

(二) 全面预算的执行与调控

1. 全面预算的执行

全面预算的执行是企业全面预算管理的核心预算的环节,只有全面预算执行得好,企业的预算目标才有保证。预算的有效实施,必须充分调动各级责任人的积极性与创造性,并强化其责任意识。同时,在预算的执行环节我们还应该做好预算执行情况的真实、完整的记录,为以后预算考评打下基础。

2. 全面预算的调控

全面预算的调控是对全面预算能够正常的实施提供有力的保障。首先,预算的编制与预算的执行都需要各责任单位之间的合作,预算的调控起到了一定的协调作用,它能够将企业的人力、物力、财力等资源在各责任单位之间进行有序的分配。其次,它是对预算的日常执行情况进行监控。由于各种可预知与不可预知因素的影响,企业实际执行情况难免会与企业的预算发生偏离,那么对预算的执行情况的监控就是必要的,这样有助于及时发现执行时发生的偏差并作出及时的修正,以保证预算目标的形成。

(三)全面预算的考评

预算在具体执行之后,要对预算的执行情况进行评价,以便企业能够及时地了解情况,发现其中的问题并提出相应的解决措施,做到能够及时纠正存在的问题,以求能够保证企业按照预定的轨道前进,实现企业预期的目标。所以,预算考评这一环节是至关重要的,同时也是必不可少的。

1. 全面预算评价的含义

全面预算的考评是对企业的预算执行情况进行的考核与评价,主要是针对企业内部各责任单位和个人这些具体的预算执行单位和执行者而进行的。

但是,在进行全面预算评价之前,我们首先应该明确由谁来进行全面预算评价,而谁又是全面预算评价的对象;对于企业而言,进行全面预算评价的主体有两个:一个是全面预算管理委员会,它是全面预算评价的最高评价主体,对预算的执行情况作出一个总体的评价;另一个评价主体是企业内部各级部门,它主要对其负责的各责任单位和个人的预算执行情况进行评价。企业全面预算的客体也就是全面预算评价的对象就是企业内部的各责任单位和个人。了解企业全面预算评价的含义与其主体和客体后,我们再来了解一下企业为什么要进行预算评价,也就是说全面预算评价的作用究竟是什么。

2. 全面预算评价的作用

(1)进行全面预算评价能够为企业进行绩效评价提供依据。全面预算的最主要的特点就是"全员",也就是企业的每个员工都要参加。那么企业会将其预算的任务下到每个员工，使得每个员工都有其各自的任务目标要完成，企业只需要将其实际的完成情况与其自身的任务目标相比较，就可以知道该员工的工作情况。最重要的是，这种方法是比较客观，也是比较公正的。经过预算的考评也使得每个员工都能了解到自己工作中存在的问题，有助于其作出进一步的改进。

（2）进行全面预算的评价可以提升单位的业绩，同时对员工起到激励的作用。企业的全面预算评价通常与企业的奖惩制度相挂钩。企业在对员工的预算执行情况作出评价以后，对执行情况较好的员工给予相应的奖励，对执行情况较差的员工给予相应的惩罚。那么其结果就是：得到奖励的员工受到鼓励会再接再厉，继续努力争取下次还能够得到奖赏；而受到惩罚的员工，为了下次不会再受到惩罚，会努力工作。这些都会大大提升单位的业绩。由于全面预算的考评比较客观也比较公平，以其作为指标与奖惩制度相结合，对于给予的奖励与惩罚都比较有说服力，所以说进行全面预算考评可以对员工起到很好的激励作用。

（3）进行全面预算评价可以为企业预算目标的实现提供保证。一方面，企业的全面预算要求企业的所有员工都参与，并给每个员工都下达任务目标，同时进行的预算评价又经常与奖惩制度相挂钩，这些都对员工产生了一定的约束作用，使得每个员工都非常关心自己的任务目标是否能够完成，这有助于企业预算目标的实现；另一方面，通过预算的考评，企业可以了解到预算的实际执行情况与预算的差异，及时纠正偏差，从而保证了预算目标的实现。

企业在进行全面预算评价时，首先，应该收集一切与预算执行情况相关的资料，这些都是进行全面评价的基础，没有这些资料，预算评价就没有了依据也就无法进行下去。其次，将收集来的实际执行情况的数据与预算进行比较，看是否存在差异。若存在差异，我们就要分析这些差异是有利差异还是不利差异。这里，有利差异是指实际执行情况要优于预算的差异额；不利差异则是指实际执行情况要劣于预算的差异额。显然，有利差异对企业是有利的，我们应该继续努力扩大这种有利差异；而不利差异对企业来说是非常不利,我们尽力消除这种不利差异。最后,根据分析,若出现不利差异,一定要进行详细的分析,找出产生这种差异的原因,明确指出这是哪个环节、哪个责任单位出现的问题,积极采取应对措施,消除这种不利差异,以保证企业预算目标的完成。

第三章 巧借东风——领导如何掌握融资技巧

在和大家讨论怎样融资之前,先讲一个古老的故事:

很久以前,有一个富甲一方的大财主,财主家有一位长工,他一贫如洗,生活清苦。但是,这个穷小子偏偏又爱上了财主家的小姐。财主怎么可能把女儿嫁给一个长工呢?很长时间内,长工都克制着自己,不敢向财主的女儿表明心意。但是财主的女儿也看中了长工,于是找机会,把长工叫到身边,告诉他一个计策。

于是长工依计而行。长工找到财主,向财主提了个建议:长工向财主借一只母鸡,借期3年。3年期间,每天交一只鸡蛋给财主。3年期满,长工再将母鸡还给财主。当然,这3年时间里母鸡的喂养、管理,都由长工来承担。财主算计了一下,觉得还真是一笔划算的交易,于是同意了长工的提议,两人还签订一份协议。

长工带着母鸡来到一片野草坡。他将母鸡放到草坡上,任其在草间寻些草籽和小虫来吃,自己则在草坡上搭了个草棚住了下来,还开了一片荒地,种些谷物。

一开始,因为母鸡还没开始下蛋,日子很艰难,长工咬着牙拿出自己的储蓄到市场上买鸡蛋交给财主。不久,母鸡开始下蛋,每天一个,长工还是每天到市场买一个鸡蛋,而母鸡下的鸡蛋,长工一个都不舍得吃,都留在那里。

长工留着那些鸡蛋,准备用它们来孵小鸡。

到第2年春天,母鸡已经孵出了100多只小鸡。

在老母鸡的带领下，那些小鸡很快长大了。大半的母鸡也开始下蛋、孵蛋了。

又过了1年，长工已经拥有了几百只鸡了。

当然，那些鸡都有一位共同的首领，就是财主家的那只老母鸡。

这时，那只老母鸡还在不停地生蛋、孵蛋，好像要给它的后辈做个榜样似的。

在老母鸡的感召下，长工的那些母鸡们都一只赛一只地拼命生蛋、孵蛋。

在第3年，长工将老母鸡归还给财主的时候，长工已经是一千多只鸡的主人了。他将千只鸡和百亩田作为聘礼，娶到了财主的女儿。

故事到这里就讲完了，但留给我们的思考却是深远的。如果长工当初没有那只母鸡，也许他一直都是一个不名一文的穷小子，更别提迎娶貌美如花的财主女儿了。融资的本质说穿了实际上也就是我们这个故事里借鸡生蛋的活动。从宏观层面看，融资能够将资金从社会上的富余资金转借给那些需要资金的创业者；从个人来说，融资能够使那些才华横溢的创业者跳过漫长的资金原始积累阶段，而迅速地开始财富创造的过程，成为一名成功的企业家。试想一下，如果微软、谷歌的创业者一开始没有风险资金投资给他们，也许这两家公司甚至都无法开张，而我们也无法享受网络科技带给我们的便捷。

当然，现代市场经济活动，融资活动的类型和手段要远远比我们上面这个故事中提到的借鸡生蛋复杂得多。还拿这个故事来说，长工的母鸡如果从财主那里借的话，我们把这叫做外部融资，如果长工是从自己积蓄中省下钱的话，我们就把这叫做内部融资。故事中的长工每天给财主交一只鸡蛋，3年后把母鸡还给财主，这相当于是分期付息，一次还本的债务融资。但这种融资方式实际上是存在一定风险的。试想一下，由于长工手上只有一只母鸡，如果这只母鸡不幸得病死了，或是被黄鼠狼给叼走了，按照长工之前和财主签订的合约，长工将背负上一笔沉重的债务，可能就要给财主白打3年工了。实际上，如果这位长工具有现代融资意识的话，他完全可以考虑采取另一种风险更小的融资模式，比如说，他可以跟财主签订一个协议，由长工替财主饲养这只母鸡,每个月母鸡下的蛋中拿出一半上交给财主,多生多交,少生少交,剩下的归长工自己。实际上,这就是一种股权融资。甚至,如果财主不愿借给长工母鸡的话,长工还可以考虑拿着自己与财主的劳动雇佣契约,作为抵押保证,到当地的钱庄贷款买一只母鸡,这就叫做信贷融资。

一个长工买一只母鸡既然都有这么多种的融资方式,对于一个现代市场经济中的企业来说,融资的方式和手段更是千变万化的。那么,下面就为大家一一讲解企业常用的各种融资方式和手段。需要注意的是,在融资的时候,采用何种方式,一定要考虑企业自身所属的行业种类、产品性质、财务状况、市场环境等各种因素,综合分析,有选择地使用,这样才能使企业立于不败之地。

一、银行贷款

王伟原来在一家电脑公司做推销员,后来一位当老板的朋友多次鼓动他自己创业,并许诺如果需要银行贷款可以提供担保。在好友的鼎力相助下,他便辞去了这份收入不菲的工作,自己注册了一家电脑公司。

在好友的帮助下,他顺利从当地信用社取得了30万元贷款。信用社的服务非常完善,可就是贷款利率比法定贷款利率上浮30%,另外还要从贷款中扣除两笔莫名其妙的"咨询费"和"理财顾问费",这样,他实际贷款的年利率达到了7%以上。

当时,王伟没有过多考虑贷款成本,可由于电脑业竞争激烈,他只能微利经营,到年底一算账,偿还贷款本息后正好不盈不亏。用他的话说,等于白白给信用社打了1年的工。

如今市场竞争使经营利润率越来越低,除了非法经营以外很难取得超常暴利。因此,企业在进行融资时一定要考虑成本。记住一句话:让银行少赚钱,就等于你多赚钱。

(一)基本概念

银行贷款是指银行以一定利率将资金贷给资金需要者,并约定期限归还的一种经济行为。由于企业贷款的期限不同、保障方式不同、用途不同,因此银行贷款也存在不同的种类。企业信贷融资时可以根据自己的需要按照不同的贷款种类有针对性地申请相应的贷款。

1. 按贷款期限分类

银行贷款如果按照企业贷款期限分类,可以分为短期贷款、中期贷款和长期贷款三类。其中短期贷款期限在1年以内(含1年),中期贷款在1~5年间(不含1年,含5年),长期贷款在5年以上(不含5年)。

2. 按保障方式分类

按照保障方式,银行贷款可以分为信用贷款、担保贷款和票据贴现。

信用贷款指以借款人的信誉发放的贷款。

担保贷款又分为保证贷款、抵押贷款和质押贷款三种。其中保证贷款是按照《中华人民共和国担保法》规定的保证方式及第三方承诺在贷款人不能偿还债务时承担一般保证责任或者连带责任而发放的贷款;抵押贷款同样是按照《中华人民共和国担保法》规定的以借贷方或第三方的财产作为抵押物而发放的贷款;质押贷款也是按照《中华人民共和国担保法》的质押方式以借贷方式或第三方的动产或权利作为质押而发放的贷款。

票据贴现贷款是指票据持有人在票据到期前将票据转让给银行,并付一定的利息而向银行取得的借款。

3. 按借款用途分类

按借款用途可以将银行贷款分为流动资金贷款、固定资金贷款、科技研发贷款、专项贷款等。

流动资金贷款是指银行针对国有企业流动资金达不到规定比例而发放的补差贷款,是用来弥补企业铺底资金或自有资金缺额的贷款。流动资金贷款具有银行垫付、短期周转而长期使用的特点,其借款取得和收回的办法是银行核定企业所需流动资金的实际数额,只要企业经济效益好,原材料供应充足,产品有市场,企业就可以向银行取得流动资金贷款,银行到期收回,企业可以借旧换新。

固定资金贷款是企业为解决固定资产维修、改造更新和基本建设等固定资产再生产的合理资金需求而向银行申请的贷款,其中包括大修理贷款、技术改造贷款和基本建设贷款。

(二) 主要特点

1. 银行借款的优点

(1) 融资速度快。银行借款一般所需时间较短,可以迅速地获取资金。

(2) 融资成本低。银行借款所支付的利息比发行债券所支付的利息低,而且借款利息可在税前扣除,还有无需支付大量的发行费用。

(3) 借款弹性好。企业可以与银行直接商谈借款的时间、数量和利率。在借款期间,如果企业情况发生变化,也可与银行进行协商,修改借款的数量和条件,以及提前或延期归还借款。

2. 银行借款的缺点

(1) 财务风险大。企业举借银行借款,必须定期还本付息。当企业经营不利时,可能会产生不能偿还的风险,甚至会导致破产。

(2) 限制条款多。企业与银行签订的借款合同中,一般都有一些限制条款,这些条款会限制企业的经营活动。

(3) 融资数额有限。银行一般不会借出巨额的借款,而且金额越大、时间越长,银行越审慎,限制的条款也越多。因此,从银行融资都有一定的上限。

(三) 操作程序

1. 借款人提出贷款申请

借款人若需要银行贷款,应当向银行或其经办机构直接提出书面申请,填写《贷款申请书》。申请书的内容包括贷款金额、贷款用途、偿还能力及还款方式,同时还须向银行提交以下材料:

(1) 借款人及保证人基本情况。

(2) 财务部门或会计师事务所核准的上年度财务报告,以及申请贷款前一期的财务报告。

(3) 原有不合理占用贷款的纠正情况。

(4) 抵押物、质物清单和有处分权人的统一抵押、质押的证明及保证人拟同意保证的有关证明文件。

(5) 项目建议书和可行性报告。

(6) 银行认为需要提供的其他有关材料。

(7) 固定资金贷款要在申请时附可行性研究报告、技术改造方案或经批准的计划任务书、初步设计和总概算。

2. 银行的审批

(1) 立项。

(2) 对借款人进行信用等级评估。

(3) 进行可行性分析。

(4) 综合判断。

(5) 进行贷前审查,确定能否贷款。

3. 签订借款合同

若银行对借款申请进行审查后,认为各项均符合规定,并同意贷款,便与借款人签订借款合同。在借款合同中约定贷款种类、贷款用途、贷款金额、利率、贷款期限、还款方式等事项。借款合同自签订之日起即发生效力。

4. 贷款的发放

借款合同签订后,双方即可按合同规定核实贷款。借款人可以根据借款合同办理提款手续,按合同计划一次或多次提款。借款人提款时,由借款人填写银行统一制订的提款凭证,然后到银行办理提款手续。银行贷款从提取之日起开始计算利息。借款人取得借款后,必须严格遵守借款合同,按合同约定的用途、方式使用贷款。

5. 银行贷后检查

贷后检查是指银行在借款人提取贷款后,对其贷款提取情况和有关生产、经营情况、财务活动进行监督和跟踪调查。

6. 贷款的收回与延期

贷款到期时,借款人应按期足额归还贷款本息。通常,银行在短期前1个星期、中长期贷款到期前1个月,向借款人发送还本付息通知单。借款人应及时筹备资金,贷款到期时,一般由借款人主动开出结算凭证,交银行办理还款手续。对于贷款到期而借款人未主动还款的,银行可采取主动扣款的办法,从借款人的存款账户中收回贷款本息。一些客户如因客观原因不能按期归还贷款,应按规定提前的天数向银行申请延期,填写延期金额及延期日期,交由银行审核办理。

(四) 融资技巧

资金作为一种稀缺资源,并非是取之不尽的。为了确保信贷资金的安全和取得良好的贷款收益,银行在贷款时严格审查,非常重视企业的资信状况和经营状况。因此,在各种条件相同的情况下,企业应该掌握一定的信贷技巧。一般来说,包括以下几个方面。

1. 建立良好的银企关系

与银行建立良好的关系,是获得银行贷款的关键。企业为了达到这个目的,首先应该具有良好的信誉,因为企业经济效益和信誉的好坏直接关系到银行贷款资金的安全性。为此,企业应该注意抓好资金的日常管理,经常主动地向银行汇报企业的经营状况,使银行充分感受到企业对其的尊重,从而加强对公司的信任度。

2. 了解银行、选择银行

企业要想与银行建立良好的关系,就要了解银行,掌握与银行交往的知识,这样,才能够在需要的时候比较容易地获得银行贷款。另一个问题就是选择银行,因为根据中国人民银行规定,企业只能选择一家商业银行开立基本结算账户,不允许多头开立基本账户。因此,企业在选择银行时应该考虑到银行的业务特点、银行规模,以及银行经理能力等因素,以确保自己的最大利益。

3. 写好投资项目的可行性报告

投资项目可行性报告对于能否获得贷款、获得贷款规模的大小具有十分重要的作用,因此,企业必须高度重视可行性报告的撰写。首先需要说明项目符合国家的有关政策,并要重点论证技术上的先进性、经济上的合理性等

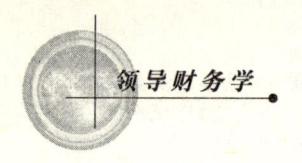

问题;其次还要把关于企业现状、发展前景、技术能力、生产能力、基础设施、原材料、产品销路等问题作出有力论证,使银行相信其贷出的资金不会存在风险。所以,可行性报告的出发点和落脚点应该放在经济效益上。

4. 合适的贷款时机

贷款时机非常重要。因为银行信贷规模是年初一次性下达,分季安排使用,不允许擅自突破,因此,一般情况下企业申请较大金额的贷款,安排在年末或每季季末是不合适的,较好的做法是提前将企业的用款计划告诉银行。

5. 寻找合适的信用担保

如果申请贷款的企业是中小企业的话,由于中小企业资产较少、风险较大、资信等级较低,故中小企业融资的最大困难在于缺乏有效的信用担保。因此,中小企业要获得银行贷款,一方面可以以中小企业所有者的个人资产提供担保;另一方面也可以寻求国家信用担保机构担保。目前全国有28个省、区、市建立了中小企业信用担保试点,其中10个省、区、市建立了信用再担保机构,80多个城市组建了中小企业信用担保机构。

6. 其他需要注意的事项

向银行寻求贷款,还有一些技巧需要掌握。例如,如果需要对银行员工公关,就需要锁定两个实权人物,这两个实权人物不一定是行长或经理,而是放款业务的负责人和支票存款人。银行业务范围广泛,行长、经理通常无力具体抓放款,有时候,年轻的放款业务员恰恰是决定"还款期限"的实权人物;而银行放款后,对客户营业情况进行考察的是支票存款人,通常银行让富有经验的人办理支票存款账户业务。由于企业的业务往来及经营状况往往可以从企业的支票存入与支出款项中看出来,所以,在企业贷款时,支票存款人就对企业能否取得贷款起着重要的作用,是具有"生杀大权"的人物。因此,企业获得贷款的公关就应该重点放在这两类人身上。

(五)案例故事

有些功成名就的企业家,经常有这样的想法和言论:我的公司银行负债几乎等于零;我经营得很好,有稳定的收益。公司所有的研制开发、项目投资,都依靠我们的自有资金。因为我们效益好,名声在外,所以,一听说我们要上马某个项目,银行都立刻跑来要给我们贷款。我不要,坚决不要。经营不好、没有钱的企业才向银行贷款。

他们的想法到底对不对呢?我们不妨先来看下面这个案例故事:

1996年年底,声名显赫的巨人集团陷入深重的财务危机。巨人大厦被迫停工,生物工程由盛转衰,集团资金周转不灵,最后酿成轰动全国的"巨人风波"。

巨人危机的直接导火索是巨人大厦工程。当初,史玉柱构想中的巨人大厦仅仅38层,但由于种种原因,一改再改,由38层到54层,再到64层,最后确定为气吞山河的70层。这70层的巨人大厦按预算需投入约12亿元资金,对巨人集团,这是一个很庞大的天文数字,如果没有投资银行作为强有力的后援,肯定会有种种后患。然而,史玉柱却没有向银行贷款。当时,巨人6403汉卡在市场上相当红火,销售额翻跟斗一样地往上涨,1年的回报就达到5 000万元。靠卖楼花也已筹集了1亿多元。不久,巨人集团上马的生物工程又一炮打红,占领市场后不足半年,就跃上鼎盛时期,日进斗金。这些都足以用来支持建设中的大厦工程。史玉柱当时就是这么想的,也这么做了。但后来的情况完全出乎他的意料。大厦在施工中碰到断裂带,需打进岩层30米;又先后两次遭遇发大水,建好的地基统统被淹。如此一来,预算便大量增加,仅地基一项,巨人集团就投进1个多亿。这时,卖楼花的钱用完了,就从生物工程产业大量抽调资金。由于抽调太狠,造成巨人集团的生物工程因过度贫血,出现严重萎缩,可以提供的资金几近枯竭。而巨人的电脑软件业也因为内部管理乏力,财务极度混乱,几乎在瞬间即濒于瘫痪边缘。到此地步,史玉柱与巨人集团的最后靠山就只剩下银行了。但集团与银行相距遥远。平时除了存点钱和资金走账之外,集团与银行没有任何信贷关系。此次,因情势所迫,突然要去建立这种关系,而且贷款量巨大,难度当然也就很大。从来没有跟银行打过交道的史玉柱硬着头皮向人讨贷款,其效果可想而知。

当社会上沸沸扬扬地传言巨人破产后,人民银行总行曾派出一个工作组到珠海检查,想看看银行损失了多少钱。工作组检查之后才发现,巨人集团

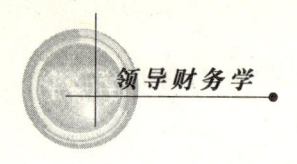

竟然真的未向银行借过一分钱。

实际上，巨人大厦在危机降临时，也只需投入1 000万元资金就可以重新启动起来。大厦一旦开工，眼瞅着一层一层往上盖，人心就会稳定下来。再支撑几个月，经过改造后的生物工程产业又将产生可观的利润……

危机到此当然可以化解。

然而，史玉柱当时缺的就是那1 000万元。对于一个流动资产已超过5亿元的大集团，1 000万元确实是笔小数。但这笔小数却最终摧毁了巨人大厦，摧毁了巨人集团。如果能够在紧要处获得来自银行或资本市场的资金支持，巨人集团的历史可能会改写。

一个拥资5亿元的集团公司竟被1 000万元逼上了绝路，其悲壮是不言而喻的。如果巨人集团有专业的资本运作，其面临的财务困难完全可以消除。巨人集团的案例告诉我们，无论从银行贷款也好，从资本市场融资也好，都是一个渐进的过程，需要准备和积累。企业应该在最不需要外来资本的时候，开始建立自己的融资渠道，开始与银行和资本市场对话。这样，在确有融资需求时，方能招之即来，左右逢源。可以说，巨人的轰然倒地给所有的企业家都提供了一个前车之鉴：企业的金融战略必须与企业的发展战略同步推进。忽视金融市场的企业家任何时候都只是一条腿走路……

二、股票融资

"假如必须等待积累去使某些单个资本增长到能够修建铁路的程度，那么恐怕直到今天世界上还没有铁路。但是，集中通过股份公司转瞬之间就把这件事完成了。"马克思对股票融资有过这样生动的评述。股票市场所能提供的筹资规模和筹资速度是企业依靠自身积累和银行贷款所无法比拟的。在现代市场经济中，所有成功的企业几乎都毫无例外地选择了股票融资的方式，因此，作为一个优秀的企业经营者，必须很好地掌握股票融资的技巧。

（一）基本概念

股票是股份有限公司在筹集资本时向出资人发行的股份凭证。股票代表着其持有者(即股东)对股份公司的股权。股权是一种综合权利,如参加股东大会、投票表决、参与公司的重大决策、收取股息或分享红利等。同一类别的每一份股票所代表的公司股权是相等的。每个股东所拥有的公司股权份额的大小,取决于其持有的股票数量占公司总股本的比重。股票一般可以通过买卖方式有偿转让,股东能通过股票转让收回其投资,但不能要求公司返还其出资。股东与公司之间的关系不是债权债务关系。股东是公司的所有者,以其出资额为限对公司负有限责任,承担风险,分享收益。

(二) 主要特点

股票融资属于一种直接融资,即资金需求者直接借助市场向社会上有资金盈余的单位和个人筹资,而银行贷款则属于信贷融资,是筹资者通过向银行这样的中介机构进行筹资,融通资金。两者相比有很大不同。

1. 银行贷款与股票融资的区别

(1) 银行提供给企业的资金融通,对企业而言是它的外部债务,体现的是债权债务关系;而企业通过股票融资筹集的资金是企业的资本金,它反映的是财产所有权关系。

(2) 信贷融资是企业的债务,企业必须在到期时或到期前按期还本付息,因而构成企业的财务负担;而股票融资没有到期偿还的问题,投资者一旦购买股票便不得退股。

(3) 对提供融资者而言,信贷融资是银行提供给企业的信用,银行提供的借贷资金不论数量多少,都没有参与企业经营管理的权利;而提供股票融资者即成为企业的股东,可以参与企业的经营决策。

(4) 从提供融资者收益看,银行的收益是固定(或根据一定的标准浮动)的利息收入,无论企业经营好坏,企业都有义务支付应付的利息;而股票的收益通常是不固定的,它与企业的经营好坏有着密切的关系。

(5) 在企业破产清算时,信贷融资和股票融资的清偿顺序不同,银行提供给企业的贷款,不论有无担保,都是对企业的债权,可以在股东之前取得清偿权。

2. 股票融资的优点

(1) 有利于股份制企业建立和完善自我约束、自我发展的经营管理机制。

(2) 有利于股份制企业筹集资金,满足生产建设的资金需要,而且由于股票投资的无期性,股份制企业对所筹资金不需还本,因此可长期使用,有利于股份制企业的经营和扩大再生产。

3. 股票融资的缺点

(1) 必须经有关各方的批准,如各级政府、证监会或上级主管部门等,难度较大。

(2) 在融资前就必须公布募集资金的用途,使并购计划提前曝光,有可能增加并购的成本。

(3) 资金成本较高。一般而言,采用吸收直接投资方式融资所需负担的资金成本较高,特别是企业经营良好和盈利较强时。因为向投资者支付的报酬是根据其出资的数额和企业实现利润的多少来计算的,利润越多,支付报酬越多,企业财务压力越大。

(4) 企业控制权容易分散。采用股票方式融资,投资者一般都要求获得与投资数量相适应的经营管理权,这是接受外来投资的代价之一。如果外部投资者的投资较多,则投资者会有相当大的管理权,甚至会对企业实行完全控制,这是股票融资的不利因素。

(三) 操作程序

1. 我国法律规定,初次发行股票必须符合的条件

(1) 发行人必须是股份有限公司。

(2) 拟设立股份公司的生产经营方必须符合国家产业政策和产业导向。

(3) 发行人发行的普通股只能有一种。

(4) 发行人认购的股本数额不少于公司拟发行股本总额的35%。在本次发行后,公司的股本总额必须在5 000万元以上。

(5) 向社会公众发行的股本不少于已发行股本总额的25%;拟发行股本总额超过4亿元的,不得少于10%。

(6) 发行人在最近3年内无重大违法行为,财务报表无虚假记载。

(7) 中国证监会规定的其他条件。

2. 我国股票发行的程序

(1) 发行准备。这一阶段的主要任务是完成股票发行的基础工作、发行人要向有关部门提出发行申请,并须得到批准。

(2) 申请与审批。在完成发行股票的基础工作之后,发行人要向有关部门提出发行申请,并须得到批准。

(3) 公开发行股票。经过中国证监会核准后,发行人即可公开发行股票,步骤包括发出发售股票的要约(即招股说明书),投资者向发行人认购,发行人与承销商依据一定的规则确认有效认购的投资者,发行人与认购人相互交付款项与交割股份。

满足一定条件的股票可以上市交易。在一定情况下,上市交易的股票还会被暂停上市或停止上市。上市可以改善公司的财务状况,提高公司的知名度,获得经营上的优势。但同时,公司的控制权处于不稳定状态,且由于信息披露的要求,商业秘密没有保障。上市也需要较高的费用,而且优势股价不能准确反映公司的经营与发展状况。

(四) 融资技巧

股票上市融资,关键是取得监管部门的审批。而在报请监管部门审批之前,企业需要做大量的准备工作,如重组、剥离不良资产等。

在主要的文件,如招股说明书中,需要将企业各方面的情况,如公司资料、业务介绍、现有人员及股权情况、关联交易、财务情况、资金用途、股票发售方法等作出详细说明,不能欺骗或误导投资者。

深圳证券交易所中小企业板块于2004年5月18日成立,降低了中小企业上市融资的门槛。中小企业板块实行和主板不同的审批标准和监管办法。

但总体上来看,目前,上海和深圳证券交易所对公司上市条件的要求比较高,特别是对大量的民营企业带有一定的"歧视性"。因此,在这里,给大家介绍一种特殊的股票融资模式——买壳上市。

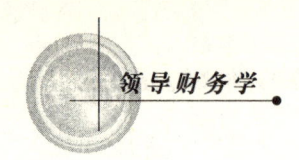

所谓买壳上市,是指非上市公司通过收购控股上市公司来取得上市地位,然后利用反向收购的方式注入自己的有关业务和资产。这种方式就是非上市公司利用上市公司的"壳",先达到绝对控股地位,然后进行资产和业务重组,利用目标"壳"公司的法律上市地位,通过合法的公司变更手续,使自己成为上市公司。

买壳的最大收益是取得了一个可以用来融资的"壳"。全流通上市公司的流通盘相对较大,其融资功能强于一般的上市公司,这是二级市场买壳上市与协议受让国家股或法人股相比的一个优点。买壳还有一个收益是所持有股份的增值。通过资产重组、注入优质资产,股价必然上升。另外,买壳带来的拥有一家上市公司所产生的广告效应等都会有利于收购方今后的发展。

当然,通过二级市场控股一家上市公司并不意味着就能入主该上市公司。从有关情况看,入主一家上市公司的阻力首先来自上市公司的现有管理层。其次来自上市公司所在地的地方政府,这是上市额度计划分配的必然结果。失去一个"壳资源"相当于减少了以前的某一地区的"贷款额度"。

三、债券融资

有这么一个耐人寻味的故事:某一天,在一个十分拥挤却沉默得令人窒息的会场,数百家上市公司代表席地而坐,而对面的"资金高台"上,"直接贷款"、"股权融资"、"债券融资"三位代表正襟危坐。终于,一位上市公司代表站起身打破沉默:"我们要扩大生产、要兼并重组都离不开资金的支持,你们谁能帮助我们?""直接贷款"翻了翻自己厚厚的账簿,严肃地说:"你们之前的好多银行贷款尚没有归还,我们不能再增加新的额度。""股权融资"这位多年来的"好好先生"十分无奈地举起了意见箱说:"现在股市比较低迷,大多数二级市场投资者不同意你们进行股权再融资,就是过去最受欢迎的 IPO 兄弟现在也得看着市场脸色再决定发行节奏了。"深感失望的上市公司开始交头接耳、商讨对策。突然,多年来很少有机会在"融资会议"获得发言权的"债券融资"掸了掸麦克风上的尘土,朗声回答:"我可以考虑为你们融资,但是我们要挑选最好的上市公司和最好的项目。"

当然,这只是个虚构的故事,但是它告诉我们:由于直接贷款、股权融资方式本身的局限性,企业在寻求这两种融资方式遇到瓶颈时,可以考虑采取债券融资这种方式。当然,这种方式的使用也有很多技巧,比如故事中提到的,市场是偏爱具有优秀投资前景的公司与项目的,谁也不愿意自己的钱打水漂,但是不可能所有的公司都是那么优秀或者至少显示出那么优秀,这时候如何成功推销出去自己的债券,获取资金,就是一件颇具技巧的事情了,这也正是我们接下来要为大家介绍的。

(一)基本概念

债券是企业直接向社会筹措资金时,向投资者发行,承诺按既定利率支付利息并按约定条件偿还本金的债务凭证。债券的本质是债务的证明书,具有法律效力。债券购买者与发行者之间是一种债权债务的关系。债券发行人即债务人,投资者(或债券持有人)即债权人。《公司法》规定,股份有限公司、国有独资公司和两个以上的国有企业或者两个以上的国有独资主体投资设立的有限责任公司,为了筹集生产经营资金,可以发行公司债券。

(二)主要特点

1. 债券融资的优点

(1)债权人不能参加企业盈利分配。

(2)企业债券的发行费也不很高、融资成本比较低。

(3)发行债券,股东对企业的控制权不受损害。

(4)债券本金、利息可在税前分发,可享受税收优惠。

(5)企业可以回收债券,能够发挥财务杠杆作用,也便于调整公司资本结构。

2. 债券融资的缺点

(1)发行债券的限制条件比长期贷款、融资租赁等的限制条件都多。

(2)筹资有一定的限度,我国一般规定发行公司流通在外的债券不得超过公司净资产的40%。

(3)由于债券到期需要还本付息,因此如果企业效益不好,还本付息的压

力对企业而言甚至可能导致其破产。

(三) 操作程序

1. 作出决议或决定

股份有限公司、有限责任公司发行公司债券,由董事会制订方案,股东会作出决议;国有独资公司发行公司债券,应由国家授权投资的机构或者国家授权的部门作出决定。

2. 申请发行

公司在作出发行公司债券的决议或者决定后,必须依照公司法规定的条件,向国务院授权的部门提交规定的申请文件,报请批准。所提交的申请文件必须真实、准确、完整。向国务院授权的部门提交的申请文件包括:公司登记证明、公司章程、公司债券募集办法、资产评估报告和验资报告。

3. 发行公司债券的批准

国务院授权的部门依照法定条件负责批准公司债券的发行,该部门应当自受理公司债券发行申请文件之日起3个月内作出决定;不予审批的,应当作出说明。

4. 公告募集办法

发行公司债券申请经批准后,应当公告债券募集办法。在募集办法中应当载明下列事项:① 公司名称;② 债券总额和债券的票面金额;③ 债券的利率;④ 还本付息的期限和方式;⑤ 债券发行的起止日期;⑥ 公司净资产额;⑦ 已发行的尚未到期的公司债券总额;⑧ 公司债券的承销机构。

5. 公司债券的载明事项

公司发行公司债券,必须在债券上载明公司名称、债券票面金额、利率、偿还期限等事项,并由董事长签名,公司盖章。

6. 公司债券存根簿

公司发行公司债券应当置备公司债券存根簿。发行记名公司债券的,应当在公司债券存根簿上载明下列事项:① 债券持有人的姓名或者名称及住所;② 债券持有人取得债券的日期及债务的编号;③ 债券总额,债券的票面金额,债券的利率,债券的还本付息的期限和方式;④ 债券的发行日期。

7. 发行中不当行为的纠正

国务院授权的部门对已作出的审批公司债券发行的决定,发现不符合法律、行政法规规定的,应当予以撤销;尚未发行的,停止发行;已经发行公司债券的,发行的公司应当向认购人退还所缴股款并加算银行同期存款利息。

(四)融资技巧

债券融资是企业直接融资的一种重要方式。资金期限较长,使用也比较自由。因此,如何对债券产品进行巧妙设计,为企业带来最大的财务效益,就显得尤为关键。

四、商业票据融资

如果可口可乐公司要买100万美金的水,它只拿出20万美金,同时交给自来水厂一张纸片:"这就是价值80万元美金的可口可乐钞票,半年后可以向可口可乐公司贴现。"1个月后,水厂在购买80万美金消毒液时付出了这张"钞票","拿好了,这可是可口可乐'钞票'哦"……转手5次,5笔买卖全部成交。3个月后,拥有这张"钞票"的建筑公司急需现金,一家金融公司说"给我这张钞票,我付给你80万美金"。在扣除3个月贴现利息后,金融公司付账,又是3个月后,它们向可口可乐公司领取了80万美金。

这是天方夜谭吗?不,只需将"钞票"两个字换成"票据"。这样的事在西方每天都会发生,因为有了这张票据,3个月内多了5次买卖,虚拟资金增加了5次流动——实际上,20世纪80年代,在美国,这样的企业商业票据与银行票据的交易量已相当于整个股票市场的交易量,占货币市场总量的60%。由于这种票据以银行贴现方式实现,相当于变相的贷款且无需严格评级审批,所以这种融资方式亦被称为半直接融资。

(一)基本概念

商业票据市场作为短期资金融通场所,在一国货币市场上占有重要地位。按照正式定义,商业票据是一种商业信用工具,指由债务人向债权人开出的、承诺在一定时期内支付一定款项的支付保证书,即由无担保、可转让的短期期票组成。对于声誉卓著的大中型企业来说,可以通过发行商业票据直接从货币市场上筹集短期货币资金。

根据承兑期限不同,商业票据有两种基本形式,即期票和汇票。

1. 商业期票

由债务人向债权人开出的、承诺在一定时期内支付一定款项的债务证明书。付款方式包括到期即付款、定日付款、见票后定期付款三种。在期票到期前,只要经过债权人在票据背面签署转让证明就可以作为购买手段或支付手段,用于购买商品或支付劳务。

2. 商业汇票

商业汇票是指由债权人或债务人签发,由承兑人承兑,并在到期日向债权人或背书人支付款项的一种票据,其中包括三个关系人:债权人、债务人和承兑人。如果按照承兑人不同,又可分为商业承兑汇票和银行承兑汇票。商业承兑汇票是指由收款人开出,经付款人承兑,或由付款人开出并承兑的汇票;而银行承兑汇票是指由收款人或承兑人开出,由承兑申请人向开户银行申请,经银行审查同意承兑的汇票。

(二)主要特点

1. 商业票据融资的优点

(1)商业信用是一种"自然性筹资",它伴随商品交易自然产生,无需实体财产做抵押担保品,只以发行公司的声誉、实力、地位做担保。

(2)若没有现金折扣或企业不放弃现金折扣,以及使用不带息应付票据,则企业利用商业信用筹资并不产生筹资成本。

(3)融资成本低、周转快、风险小。利用商业票据融资一般低于银行的贷款利率,获得比较方便快捷,当企业的信用较好时,融资的风险非常小。

2. 商业票据融资的缺点

(1)期限较短,尤其是应付账款,不利于企业对资金进行统筹运用。

(2) 对应付账款而言,若放弃现金折扣,则需负担较高的成本;对应付票据而言,若不带息,可利用的机会极少,若带息则成本较高。

(3) 在法治不健全的情况下,若企业缺乏信誉,容易造成各企业之间相互拖欠,影响资金周转。

(三) 操作程序

商业票据的发行有两种形式:一是委托经纪人发行,又称经纪人市场。在经纪人市场上,发行商业票据的企业委托经纪人将商业票据出售给投资者,并支付给经纪人一定的佣金。佣金比例为发行额的 0.125% 左右,通过经纪人发行的商业票据数量大约占发行量的 20%～40%。二是发行公司直接发行,即不通过经纪人,而由发行公司将商业票据出售给现金富余的大公司。该市场发行量占发行量的 60%～80%。

并非任何需要短期资金的企业都可以利用发行商业票据筹资。中小企业欲发行商业票据筹集资金,必须具备一定的资格条件。该资格条件包括:

(1) 信誉卓著,财力雄厚,有支付期票金额的可靠资金来源,并保证支付。

(2) 非新设立公司。发行商业票据的必须是原有旧公司,新开办的公司不能用此方式筹集资金。

(3) 在某一大银行享有最优惠利率的借款。

(4) 在银行有一定的信用额度可供利用。

(四) 融资技巧

商业票据作为一种融资手段和信用工具,在企业之间使用得越来越频繁,如果我们能够在日常的财务处理工作中巧妙地运用它,那么它就能为企业带来意想不到的收益。下面我们就以商业票据中常用的商业承兑汇票为例,讲述如何通过商业承兑汇票来为企业增加利润。

1. 提前抵扣进项税

这种方法主要是票据债务人为商业企业时采用,主要存在于有良好业务合作关系的企业之间。我国税法有关条款规定,商业企业购进货物,需等到

所购货物的货款支付完毕以后才能够抵扣增值税进项税额。同时又规定,商业企业在开出商业承兑汇票之后即可以抵扣进项税额。于是,敏锐的企业财务人员们就在这里找到了一个既不违反税法规定又能给企业带来货币时间价值的方法。这就是:商业企业购进货物时,向销售方开具商业承兑汇票,即不在"应付账款"科目中核算,而是在"应付票据"科目中核算。因为如果在"应付账款"科目中核算,则企业不能够立即抵扣进项税额,但是如果是在"应付票据"科目中核算,那么企业就可以名正言顺、正大光明地在当期抵扣进项税额了,而不必为了少交一点增值税在其他方面绞尽脑汁、提心吊胆。试想,如果每期都这样提前抵扣,就相当于将应纳税额中的一部分永远地递延下去了,而一直这样递延下去的结果就是相当于少交了这部分税款。况且,这部分金额的货币时间价值也不是一笔小数目。

2. 避免计提坏账准备

这种方法主要是票据债权人采用。企业会计制度规定,企业应当定期或者至少于每年年度终了,对应收账款进行全面检查,并合理地计提坏账准备。而计提坏账准备要导致管理费用发生变化,从而影响利润的金额。如果企业为了达到一定的指标而企图让利润保持在一定的水平,那么企业的财务人员们就有可能会在坏账准备上做文章。如要增加利润,就得减少坏账准备计提的金额。而要减少坏账准备计提金额,有两个途径可走:一是降低坏账准备的计提比例;二是减少坏账准备计提的基数即应收账款余额。第一个途径涉及会计估计的变更,不但要企业有关机构决议通过,而且还要说明变更的理由,计算、披露其对利润的影响,这是企业和财务人员不希望做的;第二个途径不涉及会计估计的变更,能保持一贯性原则,只需对有关债权进行相应处理便可。于是,企业的财务人员自然就更趋向于采用第二个途径了。因对应收票据可不计提坏账准备,故企业可作如下处理:

(1) 在接近会计期末时,将部分应收账款转化为应收票据,即让欠自己货款的债务企业给自己开具商业承兑汇票,从而将应收账款转化为应收票据。这样应收账款的期末余额就减少了,从而按固定比例计提的坏账准备金额也就随之而减少了。

(2) 平时在与自己关系较好的购货企业发生业务时,就让对方给自己开具商业承兑汇票,从而通过不在"应收账款"科目中核算而在"应收票据"科目中核算来减少应收账款的期末余额。相应地,对方企业也不在"应付账款"科目中核算而在"应付票据"科目核算。如前面所述,如果对方购货企业刚好是商业企业,因其可以利用商业承兑汇票提前在当期抵扣进项税额,所以此时对方企业可能也很配合企业的做法;如果对方企业与自己的关系是关联企业或者关系"暧昧"的企业,那彼此之间的相互配合就更不用说了。而且,在商业承兑汇票到期后,企业双方完全可以根据当时情况的需要进行协商,将"应收票据"转入"应收账款"(对方则将"应付票据"转入"应付账款")。

五、融资租赁

在业界流传着这样一句话:"聪明的企业家绝不会将大量的现金沉淀到固定资产的投资中去,固定资产只有通过使用(而不是拥有)才能创造利润。"作为企业进行长期资本融通的一种新手段,融资租赁通过"借鸡生蛋"形式,不仅能使企业不必仅靠自己的积累去拥有设备,还可以靠"占用设备"产生效益。目前,我国很多中小企业的设备落后、技术水平低,面对激烈的市场竞争,进行设备更新和改造尤为重要,而这需要大笔资金。由于中小企业规模小、信用等级低,盈利不够稳定,要通过银行贷款或境内外上市,很难满足企业对资金的需求。在这种情况下,融资租赁就是一种非常好的方式。

(一)基本概念

创业企业如果需要买入大型设备而自己无法负担一次性支付所需的大量资金的话,可以选择融资租赁。在市场上,有这样一类专门开展租赁活动的公司,他们按照企业的要求融资购买设备,并在合同规定的较长期限内提供给该企业使用,企业每期支付一定的租金,到租赁期满后,企业自动获得该机器设备的所有权,或者是再支付最后一笔费用后就获得所有权。这有点类似于分期付款,是企业取得借入资金的一种方式。

融资租赁不是以资金形式直接购买,而是以付租形式向租赁公司(即出

租人)租用设备。融资租赁同经营租赁有很大区别。经营租赁的目的是获得设备使用权,在租期满后设备归还出租公司;融资租赁除了在租期内获得使用权外,租期满后企业还获得设备所有权。因此,融资租赁在资产估价、租金计算方面需要考虑货币的时间价值。同时,设备的租赁期比较长,占资产使用年限的大部分。

(二)主要特点

1. 融资租赁的主要优点

(1)有利于中小企业融资。一般中小企业因为资信问题,很难从银行取得贷款。现代租赁具有风险共担、利益共享原则,有轻松回收、轻松处理的原则以及能参与经营等,因此对承租企业的资信要求不是很高,对项目的担保要求不是很高,主要是看项目的现金流量是否充足,甚至有许多项目还不要求担保。

(2)节省项目建设周期。融资租赁将融资和采购两个程序合成一个,因此可以提高项目建设的工作效率。由于租赁本身的灵活性和抗风险能力,也减少许多项目建设过程中不必要的繁杂手续,可以使企业早投产,早见效益,抓住机遇,抢占市场。

(3)有利于技术改造。率先使用先进设备,而不用负担由于技术进步使设备落伍淘汰的风险,对企业及时更新技术装备,迅速采取新技术、新工艺、提高产品竞争力和市场占有率十分有利。

(4)避免通货膨胀影响。如果一个企业添置一套生产设备,靠自己积累去采购需要很多时间。在通货膨胀时期,早采购比晚采购费用要低。采用融资租赁可以先得到设备,再用设备产生的效益去还钱,可以说是"借鸡下蛋,卖蛋买鸡"。虽然自己没鸡,照样可以吃鸡和鸡蛋。

2. 融资租赁的主要缺点

(1)资本成本较高,租金一般高于其他负债筹资手段。

(2)由于租赁期一般较长,在租赁期内企业没有获得所有权,又受制于租赁合同,这时如果市场上有更新更好的设备出现,企业可能无法兼顾设备的更新,不利于企业提高设备装备水平。

(三) 操作程序

1. 选择租赁设备及其制造厂商

承租企业根据项目的计划要求,确定所需引进的租赁设备。然后选择信誉好、产品质量高的制造厂商,并直接与其谈妥设备的规格、型号、性能、技术要求、数量、价格、交货日期、质量保证和售后服务条件等。如果承租人对市场行情缺乏了解,也可由租赁公司代为物色租赁设备和制造厂商。

2. 申请委托租赁

承租人首先要选择租赁公司。主要是了解租赁公司的融资能力、经营范围、融资费率等有关情况。选定租赁公司之后,承租人提出委托申请,填写《租赁申请表》或《租赁委托书》交给租赁公司,详细载明所需设备的品种、规格、型号、性能、价格、供货单位、预定交货期以及租赁期限、生产安排、预计经济效益、支付租金的资金来源等事项。租赁公司经审核同意后,在委托书上签字盖章,表明正式接受委托。

3. 组织技术谈判和商务谈判,签订购货合同

在租赁公司参与的情况下,承租人与设备厂商进行技术谈判,主要包括设备造型、质量保证、零配件交货期、技术培训、安装调试以及技术服务等方面。同时,租赁公司与设备厂商进行商务谈判,主要包括设备的价款、计价币种、运输方式、供货方式等方面。承租人与设备厂商签订技术服务协议,租赁公司与设备厂商签订购货合同。

4. 签订租赁合同

租赁公司与承租人之间签订租赁合同,租赁合同的主要条件包括:租赁物件、租赁物件的所有权、租赁期限、租金及其变动、争议仲裁以及租赁双方的权利与义务等。租赁合同的签订表明承租人获得了设备的使用权,而设备的所有权仍属于租赁公司。

5. 融资及支付货款

租赁公司可用自有资金购买设备,但如果其资金短缺,则可以通过金融

机构融通资金,或从金融市场上筹集资金直接向供货厂商支付设备货款及运杂费等款项;也可由租赁公司先将款项提供给承租单位,用于预付货款,待设备到货收到发票后,再根据实际货款结算,转为设备租赁。

6. 交货及售后服务

供货厂商按照购货合同规定,将设备运交租赁公司后转交给承租人,或直接交给承租人。承租人向租赁公司出具"租赁设备验收清单",作为承租人已收到租赁设备的书面证明,供货厂商应派工程技术人员到厂进行安装调试,由承租企业验收。

7. 支付租金及清算利息

租赁公司根据承租人出具的设备收据开始计算起租日。由于一些事先无法确定的费用(如银行费用、运费及运输保险费等),租赁公司在支付完最后一宗款项后,按实际发生的各项费用调整原概算成本,并向用户寄送租赁条件变更书。承租企业应根据租赁条件变更通知书支付租金。租赁公司再根据同金融机构签订的融资合同以其租赁费等收入偿还借款和支付利息。

8. 转让或续租

租赁期届满后,租赁公司按合同规定或将设备所有权转让给承租人,或收取少量租金继续出租。若转让设备所有权,则租赁公司必须向承租人签发"租赁设备所有权转让书"证明该租赁设备的所有权已归属承租人所有。

(四)融资技巧

虽然融资租赁对企业来说是一种快捷、廉价的融资方式,但是,在一些企业融资租赁业务还是比较难以展开,主要是由于信用"瓶颈"。一方面,承租方如果不能及时交付租金,租赁公司将面临巨大的风险。另一方面,租赁公司购买设备的资金主要靠银行贷款,银行对于租赁公司的信用也心存怀疑。

为了解决这些难题,企业在融资租赁时,可以考虑一些创新租赁模式。比如说,企业可以设计一系列担保和反担保协议,充分利用银行信用和出租物品的自身价值,使各方形成风险共担、利益共享的价值链。

首先,为了降低承租方违约的风险,承租方可以提供一定比例的保证金,并通过当地的有一定实力的银行为其出具保函,保证在承租人违约时,由银行对其租金余额进行担保,这样就保证了租赁公司不会受到损失。

其次,为使银行确保安全,还可以采取这样两种措施:一是由制造厂商对设备进行回购担保,即在承租人不能履约的情况下,制造商对租赁物进行回购;二是租赁公司将租赁物所有权在开具保函银行为承租人进行反担保。

通过以上运作方式,使租赁公司、承租人、银行、制造商一起承担风险,从而为开具保函的银行和整个项目的安全提供了实实在在的保障。

六、风险投资融资

20世纪,地球上的人类创造了一种经典的风险投资故事版本——

几个毛头小子有了一个好主意,于是每人凑一笔钱,像小孩过家家一样办个公司,这些最初的投资被称为"种子基金"或"种子股"。当公司有了初步的产品后,他们带着自己的商业计划书,与风险投资家开始"谈恋爱",一旦后者决定投资,他们就将得到自己的"天使投资"。最后,得到"天使"垂青的公司在二板市场上市,其财富放大的倍数常常超出了人的想象力。这个故事最先发生在美国。

在美国硅谷,云集着近万家高科技企业,它们绝大多数都是由形形色色的学子开办的。围绕着这些公司,又有形形色色的风险投资家在敏锐地捕捉着机会。他们之间开始了一个个相互寻找的故事。有人找到了比尔·盖茨,于是催生了微软这家"巨无霸"公司。有人找到了杨致远,创造了"雅虎"神话。英特尔的电脑芯片,最初只是科学家头脑中的灵感,是风险投资家与科学家共同将这个灵感变成了风靡全球的产品。

1983年,美国得克萨斯大学奥斯汀分校的两名MBA学生第一次发起创业计划大赛。自此,美国各大院校纷纷仿效,十多年来,美国校园里出现了无数学子创业的故事。虽然有成功者,也有失败者,但是学子创业公司给美国经济与社会的发展带来的影响却是巨大的。仅以麻省理工大学为例,该校学子与教师创办的公司已达4 000多家。据美国波士顿银行的一份研究报告指出,如果把这些公司视为一个独立的国家,那么仅在1994年,它的全球销售额

就达到2 320亿美元,经济实力排名世界第24位。

因此,可以毫不夸张地说,没有风险投资,就没有如今迅猛发展的高科技企业。那么,下面就让我们走近风险投资,揭开它那神秘的面纱吧。

(一)基本概念

风险投资(venture capital)是一种投资于极具发展潜力的高成长性风险企业并为之提供经营管理服务的权益资本。它旨在促使新技术成果尽快实现商品化,在承担很大风险的基础上为融资人提供长期股权投资和增值服务,培育企业快速成长,数年后再通过上市、兼并或其他股权转让方式撤出投资,取得高额投资回报的一种投资方式。与传统的银行贷款等投资方式相比,风险投资不需要任何抵押,它看重的是被投资企业未来的市场潜力,因而具有很大的"赌"的意味。但这种"赌"不是盲目的缺乏理智的投机,而是一种精明、有远见的冒险。由于没有任何财产做抵押,因此,一旦失败将颗粒无收,所以风险是很大的。

(二)主要特点

风险投资是一种专业投资。风险投资家与一般投资者不同,他们不仅提供创业资金,还利用其丰富的创业经验,综合知识和广泛的社会关系,帮助创新者创业。他们花很大的精力帮助创新企业改造组织结构、制定业务方向、加强财务管理、配备领导成员,从而使创新企业尽快完善起来,很快进入良性发展的状态。

风险投资是一种权益投资。风险投资的目标不在于企业获取短期经营的利润,而在于实现企业的增值。

风险投资是一种组合投资。风险投资之所以能获利,正因为它是组合投资。通过时间的交替、项目的互补、发展阶段的不同等组合优势,投资于一组项目群,给投资者带来较高的综合收益。

风险投资是一种长期的投资。风险投资的项目运作一般要经过3~7年才能完成投资循环,中间通过不同的退出渠道取得投资收益。而且,在此期间通常还要不断地对有发展潜力的项目进行不断增资。

风险投资是一种有风险的投资。风险投资作为一种特殊的投资工具,主要是支持创新技术与产品,在技术、经济及市场等方面的风险都相当大。根据国外的统计,其成功、一般和失败的比率是各占 1/3,大事难事正如我国风险投资前辈成思危先生总结的那样,"投资十个项目,成三败七,坚持长期运作,多半发达。"

(三) 操作程序

风险企业要成功获取风险资本,首先要了解风险投资公司的基本运作程序。一个典型的风险投资公司会收到许多项目建议书。如美国"新企业协进公司"(New Enterprise Associates Inc.)每年接到两三千份项目建议书;经过初审筛选出二三百家后,经过严格审查,最终挑出二三十个项目进行投资,可谓百里挑一。这些项目最终每 10 个平均有 5 个会以失败告终,3 个不赔不赚,2 个能够成功。成功的项目为风险资本家赚取年均不低于 35% 的回报(按复利计算)。换句话说,这家风险投资公司接到的每一项目,平均只有 1% 的可能性能得到认可,最终成功机会只有 0.2%。

风险投资家寻找能使他们获得高额回报(35% 以上的年收益率)的公司或机会。有时,要在尽可能短的时间内实现这一目标,通常是 3~7 年。成功的风险投资家有许多宝贵的经验,包括选择投资对象,落实投资,对该公司进行监督,带领公司成长,驾驭公司顺利通过难关,促使公司快速发展。虽然每一个风险投资公司都有自己的运作程序和制度,但总的来讲包括以下步骤。

1. 初审

风险投资家所从事的工作包括:筹资、管理资金、寻找最佳投资对象、谈判并投资,对投资进行管理以实现其目标,并力争使其投资者满意。以前风险投资家用 60% 左右的时间去寻找投资机会,如今这一比例已降低到 40%。其他大部分时间用来管理和监控已投资的资金。因此,风险投资家在拿到经营计划和摘要后,往往只用很短的时间走马观花地浏览一遍,以决定在这件事情上花时间是否值得。必须有吸引他的东西才能使他花时间进行仔细研究。因此第一感觉特别重要。

2. 风险投资家之间的磋商

在大的风险投资公司,相关的人员会定期聚在一起,对通过初审的项目建议书进行讨论,决定是否需要进行面谈,或者回绝。

3. 面谈

如果风险投资家对企业家提出的项目感兴趣,他会与企业家接触,直接了解其背景、管理队伍和企业,这是整个过程中最重要的一次会面。如果进行得不好,交易便告失败。如果面谈成功,风险投资家会希望进一步了解更多的有关企业和市场的情况,或许他还会动员可能对这一项目感兴趣的其他风险投资家。

4. 责任审查

如果初次面谈较为成功,风险投资家接下来便开始对企业家的经营情况进行考察以及尽可能多地对项目进行了解。他们通过审查程序对意向企业的技术、市场潜力和规模以及管理队伍进行仔细的评估,这一程序包括与潜在的客户接触、向技术专家咨询并与管理队伍举行几轮会谈。它通常包括参观公司、与关键人员面谈、对仪器设备和供销渠道进行估价。它还可能包括与企业债权人、客户、相关人员以前的雇主进行交谈。这些人会帮助风险投资家作出关于企业家个人风险的结论。

风险投资对项目的评估是理性与灵感的结合。其理性分析与一般的商业分析大同小异,如市场分析、成本核算的方法以及经营计划的内容等与一般企业基本相同。所不同的是灵感在风险投资中占有一定比重,如对技术的把握和对人的评价。

5. 条款清单

审查阶段完成之后,如果风险投资家认为所申请的项目前景看好,那么便可开始进行投资形式和估价的谈判。通常企业家会得到一个条款清单,概括其涉及的内容。这个过程可能要持续几个月。因为企业家可能并不了解谈判的内容,他将付出多少,风险投资家希望获得多少股份,还有谁参与项目,对他以及现在的管理队伍会发生什么。对于企业家来讲,要花时间研究这些内容,尽可能将条款减少。

6. 签订合同

风险资本家力图使他们的投资回报与所承担的风险相适应。根据切实可行的计划,风险资本家对未来3~5年的投资价值进行分析,首先计算其现金流或收入预测,其次根据对技术、管理层、技能、经验、经营计划、知识产权及工作进展的评估,决定风险大小,选取适当的折现率,计算出其所认为的风险企业的净现值。基于各自对企业价值的评估,投资双方通过谈判达成最终成交价值。

7. 投资生效后的监管

投资生效后,风险投资家便拥有了风险企业的股份,并在其董事会中占有席位。多数风险投资家在董事会中扮演着咨询者的角色。他们通常同时介入好几个企业,所以没有时间扮演其他角色。作为咨询者,他们主要就改善经营状况以获取更多利润提出建议,帮助企业物色新的管理人员(经理),定期与企业家接触以跟踪了解经营的进展情况,定期审查会计师事务所提交的财务分析报告。由于风险投资家对其所投资的业务领域了如指掌,所以其建议会很有参考价值。为了加强对企业的控制,在合同中通常加有可以更换管理人员和接受合并、并购的条款。

8. 其他投资事宜

还有一些风险投资公司有时也以可转换优先股形式入股,有权在适当时期将其在公司的所有权扩大,且在公司清算时,有优先清算的权力。为了减少风险,风险投资家们经常联手投资某一项目,这样每个风险资本家在同一企业的股权额在20%~30%之间,一方面减少了风险,另一方面也为风险企业带来了更多的管理和咨询资源,而且为风险企业提供了多个评估结果,降低了评估误差。

如果风险企业陷入困境,风险投资家可能被迫着手干预或完全接管。他可能不得不聘请其他有能力的人取代原来的管理班子,或者亲自管理风险企业。

(四)融资技巧

企业在写好商业计划书以后,就要准备与风险投资机构联系接触,一般有以下几种方式:

(1)参加有关会议。目前国内有很多专门为增加风险投资机构和企业家联系而举办的会议,一般有一定的主题,如生物医药投资洽谈会、新材料投资会、网络经济投资洽谈会等,这类会议的商业性质非常浓。另外,就一些带有学术性、行业性或聚会性的研讨会,例如每年都召开的投资研讨会、风险资本协会年会等。这些会议是创业者与风险投资机构见面接触的重要途径。

(2)利用互联网。在互联网上,有成千上万的各种各样的风险投资网站,这些网站构成了网络上丰富多彩的风险投资世界。实际上,在金融行业,风险资本是对互联网利用最多的,因此,通过互联网搜寻风险投资机构实在太简便了,甚至还有一些网站在互联网上提供了在线申请、在线中介服务。不过,由于在线申请要求创业者提交《商业计划书》摘要甚至全文,因此利用在线申请时一定要持谨慎态度,注意保密。

(3)利用中介机构。在国内,目前已经有大量的专门从事风险投资专业中介服务和咨询的机构。它们不但提供商业计划书写作服务,而且还提供简单的信息服务和咨询,甚至包括直接的牵线搭桥、代办融资等中介业务。对那些有一定经济基础的中小企业或创业者而言,利用有专业化经验的风险投资中介机构应该更为理想和简便,因为风险融资涉及许多非常专业的事务,比如股权安排、新公司的管理结构、融资方式、有关可转股债券的法律问题或股票期权的计算问题等,这些一般只有专家才能胜任,如果由创业者自己去办,一方面耗时费力,另一方面很可能出现瑕疵,甚至留下法律上的漏洞;另外,由专业的中介机构进行风险融资,成功率也会更高。当然,其缺点就是中介机构一般要收取基本服务费和业绩提成费,费用相对较高。基本服务费就是在融资成功前,由于其为创业者提供的包括代写商业计划书、信息提供、财务顾问、管理顾问、联系和投资者见面等服务而按职业标准收取的服务费用。业绩提成费是指一旦融资成功,根据融资金额提取的一笔相当于融资总额3%~5%的费用。

（4）利用熟人介绍直接与风险投资机构高层接触。由于风险投资机构每个月都要收到很多寻求风险资金的中小企业的《商业计划书》，因此，为了增加成功的几率，如果有与风险投资公司熟识的人引荐，会更容易引起投资商的注意和兴趣。

第四章 排兵布阵——领导如何开展投资管理

```
2010 杰出投资案例入围名单
2010 杰出股权投资奖——新桥成功退出平安接手深发展
              弘毅、中信、红杉 3.3 亿元入股湖南卫视快
              乐购
2010 杰出 IPO 奖——农行创新上市
              光大银行上市
              华谊兄弟创业板上市
2010 杰出产业投资奖——万达联合投资版纳旅游地产项目
              盛大网络资本扩张
              阿里巴巴入股搜狗
              友达光电领先 3D 电视
              叶氏化工深耕大陆
              欧姆龙全面布局中国健康事业
              施奈德电气领跑"环保节能的解决方案"
2010 杰出产业创新投资奖——大唐 3G 业务
              巴斯夫化工大盈
              台湾友达光电股份有限公司
```

第四章 排兵布阵——领导如何开展投资管理

(续上)

> 2010杰出并购奖——收购AIA——中国金融界最大一笔海外收购进行中
>
> 吉利收购沃尔沃
>
> 苏宁海内外系列并购成为行业老大
>
> 2010杰出城市投资奖——淮南市、铜陵市、常德市、沁阳市、莱芜市、张家口市

随着社会经济的发展和进步,投资在社会再生产中的作用日益凸显,尤其是在现代市场经济的条件下,企业已经成为国民经济中最重要的投资主体。从企业层面来看,投资管理涉及很多方面,包括投资对象和投资渠道的选择、如何作出投资决策以及对投资决策的具体实施结果进行评价等,因此企业投资管理就成为一项更具广泛意义的企业理财活动。投资活动的成功与失败在很大程度上决定一个企业的前途和命运,因此企业的管理层,尤其是作出决策的高层领导,就有必要对企业开展的投资活动进行有效的管理,促使企业投资活动能够达到预期的目标,从而分散企业经营风险,加强企业的竞争能力,实现企业的最终经营目标。本章则主要针对投资管理及相关问题进行讲解,以帮助领导更好地掌握投资决策和评价方法。

一、投资管理概述

(一) 企业投资概述

作为企业财务活动的重要组成部分,投资是企业为了实现特定目的而进行的资金投放行为,并贯穿企业经营活动的始终。为了合理安排企业的生产经营活动,并充分利用各种资产,企业应该按照一定程序,合理安排各项投资活动。

1. 投资的概念

作为企业财务活动的重要组成部分,投资是指特定经济主体(包括国家、企业和个人)以现有经济资源的牺牲为前提,而实现拥有或者控制特定经济资源,以提高竞争能力和获取收益的经济活动。

这个定义包含以下几个要点:① 投资总是一定主体的经济行为;② 投资的目的是为了提高竞争能力和获取收益;③ 投资预期效益是不确定的;④ 投资必须花费现期的一定收入;⑤ 投资所形成的资本有多种形态;⑥ 投资客体和投资方式具有多样性。

2. 投资的分类

投资活动可以按照以下不同的标准进行分类:① 按投资渠道分为对内投资和对外投资;② 按内容(对象)可分为直接投资和间接投资,如实业投资是直接投资,证券投资则是间接投资;③ 按准备持有时间的长短可分为长期投资和短期投资;④ 按投资项目的风险程度分为确定性投资和不确定性投资;⑤ 按影响程度可分为战略性投资、战术性投资和经营性投资。

3. 投资的动机

微观单个企业可根据其特定的短期和长期经营需要实时安排合理的投资活动,从宏观的角度来看,企业进行投资活动的动机主要包括以下四种:

(1) 追求经营规模的扩大。

(2) 提高企业资产的利用效果。

(3) 分散企业投资风险。

(4) 获取对目标企业的控制权。

4. 投资的决策程序

作为企业财务活动的重要组成部分,有序地开展具体的投资活动是企业达到预期目标的保障,也是企业投资管理活动的关键所在。从企业投资活动的整体角度来看,企业应按照图 4-1 所示步骤进行。

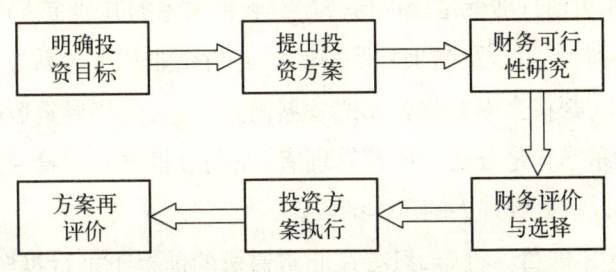

图 4-1 企业投资活动的步骤

(二) 企业投资管理概述

为了确保企业投资活动的顺利进行,并保证达到预期的投资目标,企业要对投资活动整个过程进行管理和控制。因此,在日常的管理活动中,企业要重视投资管理。

1. 投资管理的含义

投资管理就是为了获得最大的投资收益,而对企业的各项投资要素或环节进行策划、决策、组织和控制的过程。对企业而言,投资是扩大生产经营、提高竞争能力、实现资本保值增值和增强企业实力的重要途径。一项投资从项目的提出、立项、可行性研究、策划、评估决策、资本投入、投资经营直至实现投资目标,是一个投资管理的运动过程。

2. 投资管理过程

投资管理过程可分为三个部分:确定投资战略的投资规划阶段;选择投资对象的投资决策阶段;实现投资目标的投资实施阶段。其中投资项目规划是投资管理的关键和核心。

3. 投资管理和投资的关系:良好的策略+适时的投资=股东价值

企业投资的首要目标是创造股东价值,而这项内容正是经营管理最基本的前提之一。投资与公司的发展息息相关,其中厂房设备和研发等方面的投资将会影响公司未来的发展。公司的股价反映了投资者对其未来现金流量的预期值,因此,所有有助于公司股价增长的投资必定能够降低公司运营成本、提高产品质量,并可增强企业的竞争优势。

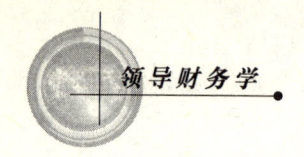

看重股东价值并非就是轻视与公司有利害关系的其他个人或部门,诸如债权人、供应商、员工以及当地社区等。任何与企业利害关系方的利益相对立的经营行为,都将会影响到公司的发展前途,并且最终导致股东的价值受损。但是,股东毕竟是公司的经营管理者,他们会根据公司普通股的实际市场价值判断,以评估经理人的工作绩效。

但公司也不能鲁莽行事,只有在非常谨慎的前提下推行投资策略,资本支出才有利于创造股东价值,类似公司如可口可乐公司、通用电气公司、宝洁公司等。这些公司之所以能持续不断、成功地创造股东价值,正是因为有着明确的经营策略,因此而建立并保持了良好的竞争优势。相反,那些未经深思熟虑,且缺乏良好的经营策略所带动的投资支出,则可能会损害到股东的利益。

现在来看看以下的例子。在20世纪80年代中期,美国电话电报公司企图进军电脑制造业。经过若干年的亏损后,该公司于1991年通过并购安讯公司来扩大对电脑业的投资。然而,投资人员对其现金流量的预期并不看好,从而导致该公司的市价总值减少了40亿～60亿美元。到1995年,当该公司放弃电脑制造业之时,就在消息宣布当天,股票市价总值一下增加了10.6%,相当于90多亿美元的价值。

良好的经营策略,必然会考虑公司的潜在优势,从而使公司得以脱颖而出,战胜所有可能的竞争对手。如果公司经营得力,则可处于领先地位,有效防止竞争者分食市场。宝洁等公司是通过拓展相关产品的领域,使营销与分销成本低于产销单一产品的竞争对手。

但是,无论公司采取何种方式的经营策略建立竞争优势,通常都需要持续不断的资本支出。只有当投资者对公司的经营策略有信心时,这一类支出才会真正带动公司股价的上扬。

二、项目投资评价和决策

投资评价和决策是投资管理中的关键环节,既是投资目标确定后工作的承续,又是具体投资项目计划实施的前提。针对不同的投资目标和计划,企业决策层要运用不同的标准对其进行评价,并最终作出投资与否的决策。本节主要分项目投资和金融投资两部分来说明投资评价和决策的方法及其应用。

(一) 项目投资概述

1. 项目投资的概念

项目投资是对企业内部生产经营所需要的各种资产的投资,其目的是为保证企业生产经营过程的连续和生产经营规模的扩大。在企业的整个投资中,项目投资具有十分重要的地位。它不仅影响时间长、投资数额多、不经常发生、变现能力差,而且对企业的稳定与发展、未来盈利能力、长期偿债能力都有着重大影响。

2. 项目投资的种类

(1) 项目投资按其与企业未来经营活动的关系可分为维持性投资与扩大生产能力投资。

(2) 项目投资按其投资对象可分为固定资产投资、无形资产投资和递延资产投资。

(3) 项目投资按其对企业前途的影响可分为战术性投资与战略性投资。

(4) 项目投资按其相互关系可分为相关性投资和非相关性投资。

(5) 项目投资按其增加利润的途径可分为扩大收入投资与降低成本投资。

(6) 项目投资按其决策角度可分为采纳与否投资与互斥选择投资。

(二) 项目投资决策的一般程序

项目投资决策是一项复杂的系统工程。项目投资的决策依据是以收付实现制计算的与项目投资决策直接相关的现金流量。之所以选择这一依据,主要原因如下:① 采用现金流量有利于科学地考虑时间价值因素;② 采用现金流量使项目投资决策更符合客观实际;③ 采用现金流量考虑了项目投资的逐步回收问题。

选定项目投资决策的依据之后,按图 4-2 所示程序作出投资决策。

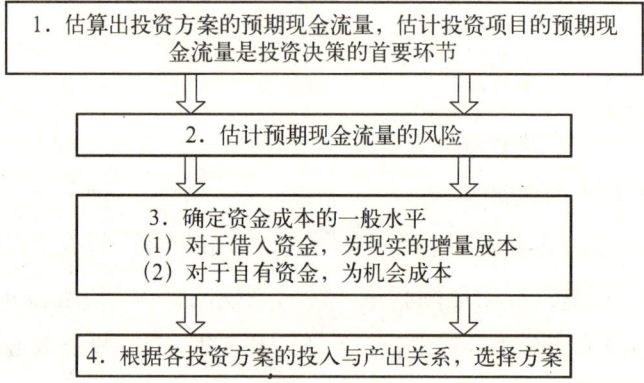

图 4-2 企业投资决策程序

(三)投资项目的现金流量

1. 现金流量的分类

作为项目投资决策的依据,现金流量是指一个项目所引起的企业现金支出和现金收入变动的数量,其分类如图 4-3 所示。

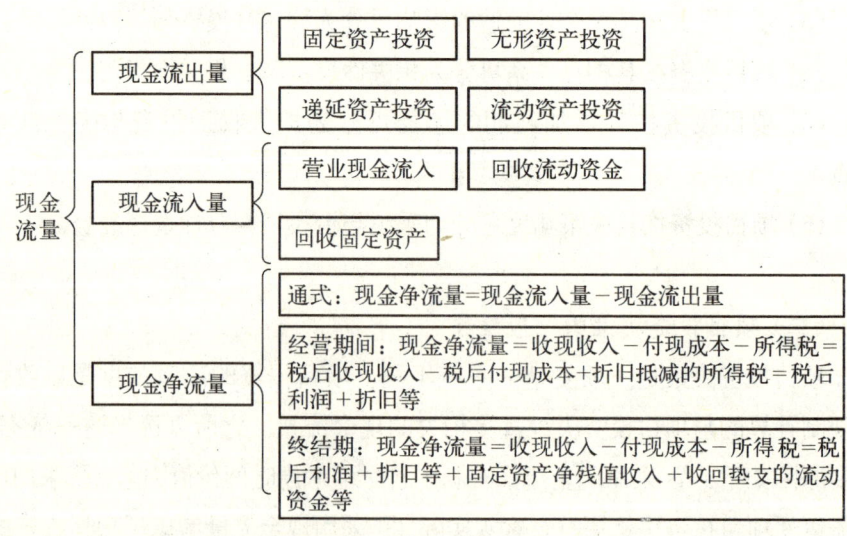

图 4-3 现金流量的分类

> **知识链接**
>
> 1. 这里的"现金"是广义的现金,既包括货币资金,也包括与该项目相关的非货币资金的变现价值。
>
> 2. 如果没有特别说明,现金流入量的时间为期末,现金流出量的时间为期初。

2. 现金流量的估计

在估计投资的未来现金流量时,必须将所有现金流量的变动因素都考虑在内,即要考虑所有由于某项决策所产生的现金流量,但不考虑与决策无关的现金流量。

假设我们购买一台电脑,预计使用年限为3年。显然该电脑的成本是一种现金流出。此外,我们还应考虑未购买该电脑时的一些情况。如果原有的电脑仍可使用,则购买新电脑的同时必定要出售旧电脑,于是旧电脑出售所得的收入及产生的所得税增减,都必须纳入预期的现金流量中。还有,如果我们没有购买新电脑,旧电脑即将在3年后出售。那么在购买新电脑后,3年后的旧电脑出售所得收入也就随即消失,这一变化也应纳入预期的现金流量中。

如果各项投资计划相互影响,那么在估计现金流量的时候我们就得格外仔细。例如,我们正在生产销售多种可乐,目前正在开发一种低糖可乐,如果新产品会排挤公司原有的产品,则新产品的销售收入不能全部被列为现金流入。相反,如果竞争者很可能推出一种新的可乐,则公司原有产品的销售都会受到影响。那么,原有产品的销售收入减少,就不必纳入新产品的现金流量中。

同时,要考虑投资计划的机会成本,且不属于某项投资所产生的成本就不能计入投资计划中。最后,应注意资本支出决策的重点在于未来,并不考虑已投成本。因为这些成本虽然已经产生,但即使决定不予生产也将无法收回,所以,在是否开始生产的决策中,这些成本不必予以考虑。

从上述的例子中可以得出以下几个方面的结论。

1) 估计某一投资方案相关现金流量时应遵循的原则

估计某一投资方案相关现金流量时应遵循的原则是,只有增量现金流量才是与项目相关的现金流量。

2) 估计某一投资方案相关现金流量时应注意的问题

(1) 区分相关成本和非相关成本。

① 相关成本:与特定决策有关的、在分析评价时必须加以考虑的成本,如差额成本、未来成本、重置成本、机会成本等。

② 非相关成本:如沉没成本、账面成本等。

③ 区分两者的经济意义:避免决策失误,因为若将非相关成本纳入投资方案的总成本,可能会使一个有利的方案变得不利,一个较好的方案可能变为较差的方案。

(2) 不要忽视机会成本。

① 概念:由于资源稀缺,选择 A 方案就必须放弃 B 方案,放弃投资 B 方案可能获取的收益,即为被选 A 方案的机会成本。

② 性质:机会成本不是一种支出或费用,而是可能失去的潜在收益。机会成本总是针对被放弃的方案,否则就无法计量。

③ 经济意义:有助于全面考虑可能采取的各种方案,以便为既定资源寻求最为有利的使用途径。

3) 考虑投资方案对公司其他部门(产品)的影响

当企业采纳一个新的投资方案后,要重视该方案可能对公司其他部门(产品)造成有利或不利的影响。

3. 利润与现金流量的关系:现金流量是关键

虽然良好的经营策略能够影响公司的股价,但投资者真正关心的还是现金流量。因为投资计划影响现金流量,并具有创造股东价值的潜力。

但是,现金流量和会计利润是两个不同的概念。例如,顾客购买商品后,会计便将其列为收入和费用而产生的净利润;但当顾客赊购时,公司只在账面上记录净利润,并未真正收取现金。同样,当公司向供货商赊购货物时,也是先在账面上记录费用,然后才会付现。

由于货币有时间价值的性质,所以股东比较关心现金流入与流出的状况,而不单单是利润表上的数值。对股东而言,公司所有权的价值取决于目前或未来预期的现金流量。

因此,公司投资分析所要考虑的年度现金流量测量可用下列公式表示:

净现金流量 = 营业收入 − 营业成本与费用 − 所得税 + 折旧
− 净运用资本增加额 − 资本支出总额

净现金流量与净利润是有区别的。营业收入中只扣除营业成本与费用,并不包括利息费用,而利息费用则反映在折现率中。由于现金流量中不包括利息费用,所得税部分也与利润表的计算不同。即通常用营业利益(营业收入 − 营业成本与费用)乘以有效税率来计算所得税。

折旧属于非现金费用,因此在计算现金流量时要加上去。折旧之所以影响现金流量,是因为它属于可抵扣所得税的费用。在计算所得税时,折旧只是营业收入的减项,因此在计算所得税之后必须加上,从而得出正确的现金流量。

将净运用资本(流动资产减去流动负债后的余额)增加额扣除,是为了调节净利润与现金流量之间的差异。举例来说,如果一笔销售收入已经入账,但尚未收到现金,这笔收入则会使应收账款增加。扣除应收账款增加额,就相当于扣除尚未产生的现金收入。同样原因,还会出现扣除存货增加额或加上应付账款增加额。

最后,还要扣除投资支出总额。许多投资计划都是分期投入资金的,这些则属于现金流出,在计算净现金流量时应予以扣除。

现金流量和利润的区别概括如下。

(1) 确定的基础不同。利润按照权责发生制确定;现金净流量根据收付实现制确定。

(2) 投资决策中以现金流量作为重点,而把利润的考察放在次要位置。

原因如下:

① 整个投资有效年限内利润总计与现金净流量总计是相等的,所以,现金净流量可以取代利润作为评价净收益的指标。

② 利润在各年的分布受折旧、存货计价、间接费用分配方法、成本计算方法等人为因素的影响,而现金流量的分布不受这些人为因素的影响,可保证评价的客观性。

③ 在投资分析中考察现金流动状况比盈亏状况更重要。

(四)项目投资决策的方法

资本投资项目评价的基本原理是:投资项目的收益率超过资本成本时,企业的价值将增加;投资项目的收益率小于资本成本时,企业的价值将减少。投资者要求的收益率即资本成本,是评价项目能否为股东创造价值的重要标准。项目评价方法如图4-4所示。

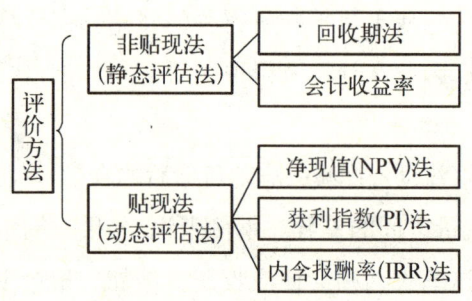

图4-4 项目评价方法

1. 非贴现分析评价方法简介

1) 回收期法

投资回收期(PP)是指收回初始投资所需要的时间。该方法是从收回投资所需要的时间长度来评价项目的经济可行性。在计算项目投资回收期时,根据其现金流量的特点,有以下两种计算公式:

(1) 在原始投资一次支出、项目各年的净现金流量相等时:

$$投资回收期 = \frac{初始投资额}{年均现金净流量}$$

(2) 在原始投资不是一次支出或每年现金净流量不相等时：

$$投资回收期 = \frac{(T-1) + 第\ T-1\ 年的累计净现金流量的绝对值}{第\ T\ 年的净现金流量}$$

(其中：T 为累计净现金流量开始出现时的年份)

为了克服静态回收期(SPP)不考虑资金的时间价值的缺陷，可以用动态回收期来进行决策。动态回收期是指以投资项目各期已折现的现金流量将全部投资收回所需的时间，即以投资项目所产生的未来现金流量的现值足以抵补初始投资所需要的时间，又称折现的投资回收期(DPP)。计算公式如下：

$$投资回收期 = \frac{(T-1) + 第\ T-1\ 年的累计净现值的绝对值}{第\ T\ 年的净现金流现值}$$

(其中：T 为累计净现金流量开始出现时的年份)

投资回收期法尽管计算简便，且易为决策人理解，但它忽视了时间价值，而且没有考虑回收期以后的收益，容易放弃早期收益少而晚期收益多的项目，这会导致决策的急功近利。因此投资回收期法过去作为评价方案最常用的方法，而目前只作为辅助方法，主要用来测定方案的流动性而非盈利性。

2) 会计收益率法

会计收益率(ARR)是指投资项目经济寿命内的平均每年获得的税后利润与投资额之比，是反映投资获利能力的相对数指标。会计收益率越大，方案越好。计算公式如下：

$$会计收益率 = 年平均利润 / 原始投资额 \times 100\%$$

式中　　年平均利润 = 各年利润之和 / 年数

会计收益率法的优点是计算时使用普通的会计收益和成本观念，根据会计报表上的数据直接进行，方法简便，应用广泛；但 ARR 只是两个会计数据的比率，从经济意义上讲还不是一个真正的收益率，它忽略了时间价值，没有考虑再投资收益。

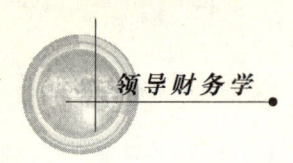

2. 贴现分析评价方法简介

1) 净现值法

(1) 净现值法是运用投资项目的净现值进行投资评估的基本方法。

净现值等于投资项目未来净现金流量按资本成本折算成现值,减去初始投资后的余额。其表达式如下:

$$\sum_{t=0}^{n}\frac{CFI_t}{(1+i)^t}-\sum_{t=0}^{n}\frac{CFO_t}{(1+i)^t}=\sum_{t=0}^{n}\frac{NCF_t}{(1+i)^t}$$

其中贴现率的确定:

A. 根据资金成本确定;

B. 根据企业要求的最低资金利润率确定。

(2) 净现值法的理论依据。

① 假设预计的现金流入在年末肯定可以实现。

② 假设原始投资按预定的贴现率借入。

③ 净现值为正数时,说明偿还本息后该项目仍有剩余的收益,故可行;净现值为 0 时,意味着偿还本息后一无所获;净现值为负数时,表示该项目收益不足以偿还本息,故不可行。

(3) 净现值法的决策规则。

① 净现值大于 0 时,表示贴现后现金流入大于贴现后现金流出,该投资项目的报酬率大于预定的贴现率,该投资项目可行。

② 净现值等于 0 时,该投资项目的报酬率等于预定的贴现率,该投资项目可行。

③ 净现值小于 0 时,该投资项目的报酬率小于预定的贴现率,该投资项目不可行。

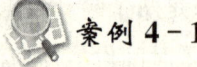 案例 4-1

企业拟投资于 A 项目,建设期 3 年,项目动工时需一次投入 300 万元,第

2、第3年初分别投资200万元。第4年初投产时需一次性投入配套资金100万元(在项目报废时全额收回)。从第4年开始,每年(末)取得销售收入500万元,支付付现成本260万元,该项目的营运期为5年,到期报废时收回固定资产残值35万元。该项目按年限平均法计提折旧(不考虑借款费用资本化问题)。企业适用的所得税税率为25%,企业要求的投资收益率(或资金成本)为5%。

要求:
1. 计算各年的现金净流量(NCF);
2. 计算该项目的净现值(NPV);
3. 根据净现值法判断项目是否可行。

解析:
1. 各年的现金净流量(NCF_t)如表4-1所示。

表4-1　　　　　某企业各年现金净流量

项目	0	1	2	3	4	5	6	7	8
投资	−300	−200	−200						
营运资金				−100					100
销售收入					500	500	500	500	500
付现成本					−260	−260	−260	−260	−260
残值									35
折旧					−133	−133	−133	−133	−133
应纳税所得额					107	107	107	107	107
所得税					−26.8	−26.8	−26.8	−26.8	−26.8
净利润					80.25	80.25	80.25	80.25	80.25
现金净流量	−300	−200	−200	−100	213.3	213.3	213.3	213.3	348.3
折现系数	1	0.9524	0.9070	0.8638	0.8227	0.7835	0.7462	0.7107	0.6768
现值	−300	−190.5	−181.41	−86.3838	175.44	167.09	159.13	151.55	235.71
净现值	¥130.65			¥130.65					

其中：年折旧＝(300＋200＋200－35)÷5＝133(万元)

年税后利润＝80.25(万元)

$NCF_{(4-7)}=80.25+133=213.25$(万元)

或者：$NCF_{(4-7)}=400×(1-40\%)-260×(1-40\%)+133×40\%$

$=213.25$(万元)

$NCF_8=137.2+35+100=272.2$(万元)

2. 计算净现值。

$NPV=[-300-200×PVIF(5\%,1)-200×PVIF(5\%,2)-100$
$×PVIF(5\%,3)]+[137.2×PVIF(5\%,4)+\cdots+137.2×PVIF(5\%,7)$
$+272.2×PVIF(5\%,8)]$

$=[-300-200×PVIFA(5\%,2)]+[-100×PVIF(5\%,3)+137.2$
$×PVA(5\%,4)×PV(5\%,3)+272.2×PV(5\%,8)]$

$=130.65$(万元)

3. 判断可行性。

由于 $NPV=130.65$，大于0，所以根据净现值法的决策规则，该项目是值得投资的。

---

2) 获利指数法

(1) 含义和计算。

获利指数是项目投资后各年净现金流量的现值(产出)与投资额的现值(投入)比。其基本原理：使用获利指数作为评价方案的指标。其计算公式如下：

获利指数＝投资后各年现金净流量的现值÷投资额的现值

(2) 决策标准。

① 获利指数大于1时，表示贴现后现金流入大于贴现后现金流出，收益超过成本，该投资项目的报酬率大于预定的贴现率，则投资项目可行。

② 获利指数等于1时，表示贴现后现金流入等于贴现后现金流出，收

益等于成本，该投资项目的报酬率等于预定的贴现率，则投资项目仍可行。

③ 获利指数小于1时，表示贴现后现金流入小于贴现后现金流出，收益低于成本，该投资项目的报酬率小于预定的贴现率，则投资项目不可行。

(3) 评价。

① 优点：便于对独立投资机会获利能力的比较。

② 缺点：不反映投资项目可达到的具体报酬率。

(4) 与净现值法的异同。

① 相同点：都需要计算现值，都可用来评价投资方案，但都不反映投资项目本身可达到的具体报酬率。

② 不同点：净现值法下净现值是个绝对数，反映投资的效益；而获利指数法中的获利指数是个相对数，反映投资的效率，便于投资规模不同而又相互独立的投资项目之间的比较。

3) 内含报酬率

(1) 含义。内含报酬率(IRR)是方案本身所能达到的报酬率，也就是净现值等于0时的折现率。

(2) 决策标准。

① 投资方案的内含报酬率不低于企业期望的报酬率(资金成本)时，可行。

② 投资方案的内含报酬率小于企业期望的报酬率(资金成本)时，不可行。

(3) 评价。

① 优点：充分考虑了货币的时间价值，概念易于理解。

② 缺点：手工计算的工作量大，但可以通过应用软件(Excel)很快求解。

4) 内含报酬率与净现值法、获利指数法的比较

(1) 净现值法根据绝对数评价方案，而内含报酬率与获利指数法都是根据相对比率来评价方案，绝对数指标不便于投资规模不同的投资项目之间的

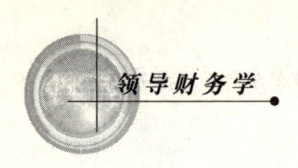

比较,而相对数指标可以解决这个问题。但需注意,比率高的方案,其绝对数不一定大;反之也一样。如果两个方案是互斥的,应选择绝对数大的方案;如果两个方案是相互独立的,应先安排相对数大的方案,资金充足时再安排相对数较低的方案。

(2) 内含报酬率与获利指数法也有区别。内含报酬率法不必事先选择贴现率,而是根据计算出来的内含报酬率来安排独立投资的先后次序,只是最后需要一个切合实际的资金成本或投资报酬率来判断方案是否可行。而获利指数法需要一个适合的贴现率将现金流量折为现值,贴现率的高低会影响方案的先后次序,并且计算结果没有揭示方案本身所能达到的收益能力具体有多高。

3. 了解正净现值的来源

大多数企业采用净现值法评价一项投资决策。当净现值为正数时,即被认为是可行的投资方案。但是,由于净现值得出的结果依赖于现金流入和现金流出的估计值而非实际发生值,所以企业尽可能精确地估计现金流量是非常重要的,这就要求企业管理层,尤其是投资活动管理人员要在执行该计划之前,有必要了解一下为什么会出现正的净现值。

净现值为正数意味着该计划拥有某些竞争优势,这些优势可能来源于规模经济、良好的品牌形象、优异的产品品质、高效率的分销网络,以及其他竞争者目前所无法比拟的优势。

如果我们无法辨识或推断何种竞争优势会导致净现值成为正数,那我们所完成的净现金分析就有可能存在问题。在了解竞争力量之后,我们可以从两方面来避免在净现值分析时的过度乐观情绪。

首先,对任何一个正的净现值都应该抱着质疑与谨慎的态度。我们应该思考为什么我们会认为竞争者没有考虑类似的投资计划。我们当然有可能拥有某些同行业所缺乏的竞争优势,但是否能够指明这一优势,或许有助于提升我们对净现值分析结果的信心。

其次,我们应该尝试去预测竞争者的反应,并将其纳入现金流量预测中。为了做到这一点,我们必须知道有哪些既有和潜在的竞争者,以及他们可能在何时出现何种反应。倘若我们在初期拥有竞争优势,那就必须同时分析考虑同行业竞争者将会效仿的可能性。即使是进入了市场壁垒,如专利保护,我们也应该清楚地了解,同行业的人员可以很容易地效仿、研制出替代产品,我们应有办法保护自己的专利权不受侵害。在激烈的市场竞争中,我们还应知道如何调整自己的营销计划,比如,是否增加广告支出,是否要持续压价销售,以及是否要开发出多元化的产品等。

这些措施最后通常会导致获利下降而现金流量减少。实际上,竞争几乎不可避免地都会产生这种结果。因此,如果净现金分析中出现永远稳定或持续增长的现金流量,而没有考虑竞争所产生的不利影响,这种结果就令人难以置信了。

4. 现金流量发生时间的重要性——今日的1元将比明日的1元更加值钱

除了现金流量的金额大小,现金流量的发生时间也是投资者所应关注的重要内容。既然现金可以随时用来投资以获取利润,那么目前收到的所有现金必定会比将来所收到的同等金额的现金更有价值。因为目前收到的现金可用于长时间的投资,这就是通常所说的"货币时间价值"原理。

为了评估投资计划在各时期的现金流量价值,我们必须先估计类似风险投资所能获得的报酬率,并将这个报酬率看作折现率,计算出未来各期现金流量的现值,然后再将其加总。

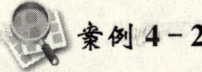

案例 4-2

假设某项投资计划预计在未来 3 年内分别产生 5 000 元、10 000 元和 7 000 元的现金流入,那么在 5% 的折现率下,这三笔现金流量的现值计算如下:

现值 = $5\,000 \div 1.05 + 10\,000 \div 1.05^2 + 7\,000 \div 1.05^3 = 19\,879.06$(元)

另外,还有两个适用于特殊情况的公式:一是永续年金,即每年产生的现金流量相同,可持续到永远的投资。假设每年现金流量是C,折现率是r,则其现值$=C/r$。二是永续增长年金,假设最初每年现金流量是$C1$,每年固定增长率为g,在这种情况下,现值$=C1/(r-g)$,可以由公式计算。这两个特殊公式对我们估计某项投资的终值是相当有用的。这里的终值,指的是一项投资在分析期结束时所预计的价值。

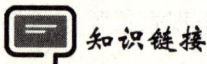

净现值=股东财富增加额

实际上,以净现值作为投资决策法则的主要优点在于,由于资本市场的作用,正的净现值等于股东财富增加额。

举例说明,假设某公司的资产每年可以产生现金流入100元,并可一直持续下去,折现率为10%,那么根据永续年金的计算公式,该项资产现金流量折现后的价值是1000元(100÷0.1)。再假设该公司完全以股权融资,共发行20股,发行价格是每股50元。这样,股票市场对该公司的评价完全准确:资产价值是1000元,股票市场总值也是1000元。

现在,该公司突然宣布一项新的投资计划,将投资150元购买可以节省成本的设备,预计每年可以增加25元的现金流入并持续到永远。若该计划适用的折现率为10%,则其净现值是100元(25÷10%-150)。因为净现值为正数,故该计划值得投资。

之后为获取该项计划所需的资金,该公司又宣布新股票即将发行。但是宣布投资计划可能影响公司的股票价格,因此新股票的发行价格未必就是原来的每股50元。假设该公司以P的价格发行N股,不论P和N如何变化,所获得的资金都应该是150元,即$N \times P = 150$(元)。

由于该公司完全以股权融资,因此资产市价总值应等于股票市价总值,也就是下列等式成立:$100 \div 10\% + 25 \div 10\% = (20+N) \times P$。

又$100 \div 10\% = 20 \times 50$,且新股票的发行收入$N \times P = 150$(元),所以

上式可转换成：

$$20 \times 50 + 25 \div 10\% = 20P + 150$$

移项后成为下列形式：

$$-150 + 25 \div 10\% = 20 \times (P - 50)$$

等式左边是新投资计划的净现值，右边则是原有股东的财富变动额。因此，这个等式意味着在该项投资计划宣布之时，股东财富增加额正好等于该计划的净现值。

这个例子说明了我们之所以要根据净现值法来做投资决策的原因：倘若公司的目标是增加股东财富，那么只有采纳净现值为正数的投资计划，就可以作出符合这个目标的决策。但是，这种观点必须以高效率的股票市场为前提。换句话说，投资者必须能够了解新投资计划的价值，新股票的发行价格 P 才能够充分反映投资计划的净现值。

三、投资决策方法的应用

在前述内容中，我们说明了投资决策的依据和方法。本节将以固定资产更新决策为例对上述的依据和方法进行实例说明，使读者更好地理解和掌握投资评价和决策方法。

随着固定资产的有形损耗，旧设备、旧装置往往消耗大，维修费用多，加大企业的生产成本；随着科学技术的进步，固定资产的无形损耗越来越大，当高效率、低能耗的技术装备出现时，尽管旧设备仍可继续使用，但企业也会对原有固定资产进行更新。因此，固定资产更新决策便成为企业项目投资决策的一项重要内容。

（一）固定资产更新决策主要研究的问题

(1) 决定是否更新，即决定是继续使用旧资产还是更换新资产。

(2) 如需更新，决定选择什么样的资产来更新。

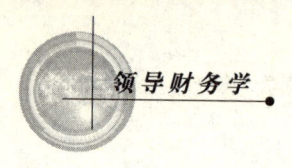

(二)更新决策的现金流量分析——主要是现金流出量的分析

一般来说,更换新资产不改变企业的生产能力,不增加企业的现金流入,故更新决策的现金流量分析主要是现金流出量(应扣除到期时收回的残值收入)。

1. 如果使用旧资产

(1) 现在不能收回变现价值(作为继续使用旧资产的现金流出,还是冲减新设备的支出),相当于以变现价值取得旧资产。

(2) 各年所支付的当年运行成本(现金流出)。

(3) 到期时收回的残值(现金流入,一般较少)。

2. 更换新资产

(1) 现在购置新资产的支出(现金流出)。

(2) 各年所支付的当年运行成本(现金流出)。

(3) 到期时收回的残值(现金流入,一般较少)。

(4) 由于使用新资产而提高的收入(现金流入,一般较少)。

(三)更新决策方法

1. 可供选择的方法与适用条件

更新决策可供选择的方法与适用条件如表4-2所示。

表4-2　　　　　　可供选择的方法与适用条件

方　　法	适　用　条　件
差额现金流量法	年限相同
平均年成本法	一般均可,特别是年限不同时

2. 差额现金流量法

差额现金流量法是购置新资产而收回资产变现的价值,冲减新设备的现金流出,以计算现金流出差额的方法。

3. 平均年成本法

1) 基本原理

将继续使用旧资产与更换新资产的平均年成本进行比较,取其小者。

2) 平均年成本的计算

A. 不考虑再投资收益的影响时：

平均年成本 = 未来使用年限内现金净流（出）量总额／使用年限

B. 考虑再投资收益的影响时：

平均年成本 = 未来使用年限内现金净流量的总现值／年金现值系数

= 购置成本／年金现值系数＋年运行成本－残值的现值／年金现值系数

=（购置成本－残值的现值）／年金现值系数＋年运行成本

= 未来使用年限内现金净流量的总终值／年金终值系数

3) 使用平均年成本法应注意的两个问题

（1）平均年成本法把继续使用旧资产和更换新资产看作两个互斥的方案，将旧资产的变现价值作为取得该资产的购置成本，而没有作为购置新资产的一项现金流入。

（2）平均年成本法假设旧资产将来更换时，可以按原来的平均年成本找到可代替的新资产。如果有明显证据表明此假设不成立，则在计算平均年成本时应将未来更换后的成本纳入分析范围之内，计算出综合平均年成本后再行比较，并据以决策。

（四）把握重置投资的时机和方式

公司的机器设备在其耐用期限内，随时都有被替代的可能。公司管理人的职责之一，就是决定何时给机器更新换代，决定机器设备的选择，而这类资本支出常被称为重置投资。虽然重置投资是以净现值来评估分析，但需要注意下面几个问题。

假设公司目前使用的是一台旧型印刷机，现打算重购新的高速机型来代替，即假设新旧印刷机的剩余耐用年限相同，在这种情况下，我们使用新设备生产的现金流量，减去继续使用旧设备所产生的现金流量，以此来分析这个重置投资计划。

计划最初的现金流出等于新印刷机的成本减去旧机器税后处理所得收入。首先，倘若新旧设备的性能相同，则不论重置与否，两者的收入会完全相同,最多只是运作成本可能有所区别。其次,新旧设备折旧所产生的折旧防税效应也可能会有差异。另外,在投资计划结束时,现金流量等于新设备税后处理所得减去旧机器税后处理所得。如果计算结果显示出现金流量差异的净现值是正数,那就表明有必要执行这项重置投资。

同时,我们还需考虑其他的相关问题。立即购置新设备或许优于继续使用旧设备,但延期这个重置投资也可能优于立即购置新设备。如果技术发展迅速,预期制造商很快就会推出价格更便宜且操作成本更低的新机型,那么延期重置投资可能就是一个比较理想的选择。

(五)所得税与折旧对投资决策的影响

在估计现金流量时另一个不容忽视的内容,便是考虑各项所得税的影响数。在投资计划开始和结束时,这部分尤其重要。而在整个执行过程中,折旧和折旧税后的情况都应予以考虑。

在投资计划结束的时候,如果资产售价与账面价值不符,那就会出现所得税影响数。在投资计划开始时,还得考虑各项投资抵减。在我国的所得税法中,有关于投资抵减的规定,这时公司就可以将该年度投资金额的一定比例拿来扣减所得税。

在投资计划执行期间,我们必须考虑折旧防税效应所产生的影响。在计算净利润时必须将折旧从收入中扣除,但折旧属于非现金费用,因此在计算现金流量时还是必须要将其全部重新加上,或者,我们也可以从收入中减去营业费用,从而计算出所得税,然后再加回折旧防税效应。

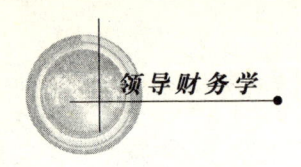
案例 4-3

假设某年度公司的收入是100元,现金营业支出为60元,折旧是20元,税率是25%,净现金流量可计算如下:

$$(100-60-20)\times(1-25\%)+20=35(元)$$

$$(100-60)\times(1-25\%)+25\%\times20=35(元)$$

1. 税后成本与税后收入

(1) 税后成本：税后成本 = 实际支付×(1－所得税税率)

(2) 税后收入：税后收入 = 收入金额×(1－所得税税率)

2. 折旧的抵税作用

折旧可以减少所得税，这种作用可以称为折旧税抵、税收挡板或税盾。

3. 税后现金流量的三种计算方法

(1) 根据现金流量的定义计算。

$$税后现金流量 = 营业收入 － 付现成本 － 所得税$$

(2) 根据年末营业结果计算。

$$税后现金流量 = 税后利润 + 折旧$$

(3) 根据所得税对收入和折旧的影响计算（最常用）。

$$\begin{aligned}税后现金流量 &= 税后收入 － 税后成本 + 税负减少\\ &= 收入×(1－所得税税率) － 实际支付×(1－所得税税率)\\ &\quad + 折旧×所得税税率\end{aligned}$$

（六）认识研发的价值

对许多公司而言，研发是最重要的投资项目之一，研发支出往往也是公司经营策略之一。公司拥有的任何优势都有可能逐步被竞争者所取代，因此公司必须设法保持并强化其竞争优势。研发方面的投资可帮助建立进入市场壁垒，是保持竞争优势不可缺少的必要手段。

研发费用支出是很难评估的。许多公司并未将其看作是一项资本支出来分析，而是直接以销售额的某个百分比来决定。这种做法或许较为实用，但就资金在各研究发展方向的分配方面，就不能提供一个明确的参考准则。

研发支出之所以很难用传统的现金流量折现法来评估，是因为研发涉及许多未来的决策。现在进行研发投资未必就可以产生未来的现金流入，而依据现在投资所产生的研发成果，可以决定是否应该继续深入研究、产销新产品。可以说，研发的重点就是投资于学习，而未来的决策则视学习成果而定。

理想的研发计划是不必事先投入大量资金,而将小部分资金分配到不确定性较高的研发计划中,便可以获得有关技术可行性和市场接受度的信息。在有关产品的发展潜力已被确定之后,才需要投入较多的资金。

我们还应该特别注意研发所产生的已投成本。倘若研究结果显示情况不佳,那公司就不应该继续进行研发投资。研发可能会获得丰厚的报酬,并因此成为绝佳的选择。换言之,研发的价值就在于让我们及早避开缺乏开发潜力的领域,不至于在其中浪费大量资金。但是,研发支出一旦发生,就形成了既定的事实,所以不应该在是否还要继续的决策上犹豫不定。

海外投资:汇率的体现

跨国公司在国际市场上进行投资时,其现金流量的计算分别采用不同国家各自不同的货币而进行。因此,我们应该用母公司所在地或是各投资所在地的货币,相应地计算出现金流量的现值。其基本规则是现金流量和折现率之间必须保持一致。

第一种做法是将国外现金流量全部换算成国内的货币,再用国内货币所适用的折现率来处理。这种做法是直接将国外的现金流量换算成本国货币,然后再用我们比较熟悉的国内资金成本来折现。但是,这种做法涉及对未来汇率的预测,而预测汇率的变化并非是一件容易的事情。

第二种做法是继续用外币来计算现金流量,用外币所适用的折现率来计算净现值,然后以即期汇率将其折算成人民币。这种做法的优点就在于不需要预测未来的汇率,但引申出另外一个问题是必须估计外国货币的资金成本。

如果国际资本市场富有效率,则上述两种方法都会得到相同的结果。如果我们可以对不同时期的国外资金成本有比较好的估计,则第二种做法的优点之一,就在于各国资金成本反映了预期的汇率波动,使我们可以对汇率进行预测。

四、证券投资及风险管理

证券投资是公司在证券交易市场上购买有价证券的经济行为。由于证券市价波动频繁,证券投资的风险往往较大,如何达到风险与报酬的均衡是证券投资的主要财务问题。本节主要就债券投资和股票投资进行说明。

(一) 证券投资与项目投资的区别

1. 证券投资的内容

证券投资包括债券投资、股票投资和基金投资等。

2. 与项目投资的区别

1) 性质不同

项目投资为直接投资;而证券投资为间接投资。

2) 分析方法不同

项目投资需事先创造出备选方案,然后分析研究各方案的可行性及优劣次序,并据以决策;而证券投资是在证券市场中选择适宜的证券并组成证券组合作为投资方案,然后分析研究各方案的可行性及优劣次序,并据以决策。

(二) 债券投资决策

1. 债券的价值

将在债券投资上未来收取的利息和收回的本金折为现值,即可得到债券的内在价值。只有债券价值大于其购买价格时,该债券才值得投资。影响债券价值的因素主要是债券的票面利率、期限和所采用的折现率等因素。

1) 债券估价基本模型

典型的债券类型具有固定的票面利率、每期支付利息、到期归还本金,这种债券模式下债券价值计量的基本模型如下:

$$V_B = \frac{I_1}{(1+R)} + \frac{I_2}{(1+R)^2} + \cdots + \frac{I_n}{(1+R)^n} + \frac{M}{(1+R)^n}$$

式中　V_B——债券的价值；

　　　I——债券各期的利息；

　　　M——债券的面值；

　　　R——评估债券价值所采用的贴现率即所期望的最低收益率。

2）市场利率的敏感性

债券一旦发行，其面值、期限、票面利率都相对固定了，市场利率成为债券持有期间影响债券价值的主要因素。市场利率是决定债券价值的贴现率，市场利率的变化会造成系统性的利率风险。

(1) 市场利率的上升会导致债券价值的下降；反之则上升。

(2) 长期债券对市场利率的敏感性会大于短期债券，在市场利率较低时，长期债券的价值远高于短期债券；反之则低。

(3) 市场利率低于票面利率时，债券价值对市场利率的变化较为敏感；反之则不太敏感。

2. 债券投资的收益率

1）债券收益的来源

债券投资的收益是投资于债券所获得的全部投资报酬，这些投资报酬来源于三个方面：

(1) 利息收益。

(2) 利息再投资收益。

(3) 价差收益。

2）债券的内部收益率

债券的内部收益率是指按当前市场价格购买债券并持有至到期日或转让日，所产生的预期报酬率。在债券估价模型中，如果用债券的购买价格 P 代替内在价值 V_B，就能求出债券的内部收益率。即用该内部收益率贴现所决定的债券内在价值，刚好等于债券的目前购买价格。

债券真正的内在价值是按市场利率贴现所决定的内在价值。当按市场利率贴现所计算的内在价值大于按内部收益率贴现所计算的内在价值时，债券的内部收益率才会大于市场利率，这正是投资者所期望的。

3) 应用

(1) 到期收益率反映债券投资按复利(或单利)计算的真实收益率,是选购债券的标准。到期收益率高于(或不低于)投资人要求的报酬率时,投资于该债券可行,按债券价值决策的结论与之一致。

(2) 每年计息一次、到期一次还本并按平价发行,债券的到期收益率等于其票面利率。如果具备了其中的任意两条而不同时具备余下的第三条,债券的到期收益率则不一定等于其票面利率。

(3) 如果不是每年计息一次或不是到期一次还本,但总可以找到一个恰当的发行价格,使债券的到期收益率等于其票面利率。

(三) 股票投资决策

股票是投资者拥有公司股份资本所有权的证书并凭借其取得股利的有价证券,股票持有者对股份公司的重大决策权、盈利分配要求权、剩余财产求索权和股份转让权。

1. **股票的价值**

投资于股票预期获得的未来现金流量的现值,即为股票的价值或内在价值、理论价格。购买价格小于内在价值的股票,是值得投资者投资购买的。

股份公司的净利润是决定股票价值的基础。股票给持有者带来未来的收益一般是以股利形式出现的,因此也可以说股利决定了股票价值。

股利决定股票价值并不是对公司净利润决定股票价值的否定。股东分得的股利来自公司盈利,未分配的股利构成留存收益,留存收益是经营不善年份股利支付的来源,公司的净利润最终会以股利形式分配给股东,不论是正常支付还是清算支付。

1) 股票价值的估价模型

假定某股票未来各期股利为 D_t(t 为期数),R_s 为估价所采用的贴现率即所预期的最低收益率,股票价值的估价模型如下:

$$R_s = \frac{D_1}{P_0} + g$$

优先股是特殊的股票,每期在固定的时点上支付相等的股利,并且没有到期日,未来的现金流量是一种永续年金,其价值计算如下:

$$V_s = \frac{D_1}{(1+R_s)} + \frac{D_2}{(1+R_s)^2} + \cdots + \frac{D_n}{(1+R_s)^n} + \cdots$$

2) 股票的预期报酬率及其作用

P_0 代表普通股目前市价,P_t 代表普通股第 t 年年底的市价;D_0 代表最近刚支付的股利,D_t 代表第 t 年年底的股利。

(1) 股票的(年)预期报酬率的计算。

$$R = D_1/P_0 + (P_1 - P_0)/P_0$$

(2) 股票预期报酬率的作用:股票预期报酬率高于投资人要求的最低报酬率(R_s)时,可行。

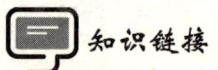知识链接

公式中预期的股价和报酬率,往往和后来的实际发展有很大差别,预测的误差影响每一股票的绝对值,但往往不影响其优先次序,故对决策正确性的影响一般不大,这种情况下的预测和分析仍是有用和必要的。

2. 股票投资的收益率

与债券投资相同,股票投资的收益也由股利收益、股利再投资收益、转让价差收益三部分组成。

1) 股票的内部收益率

股票的内部收益率是在股票投资上未来现金流量贴现值等于目前的购买价值时的贴现率。股票的内部收益率高于投资者所要求的最低报酬率时,投资者才愿意购买该股票。股票投资内部收益率由两部分构成:一部分是预期股利收益率 D_1/P_0;另一部分是股利增长率 g。用公式表示如下:

$$V_s = \frac{D}{R_s}$$

2) 市盈率决定的收益率

预计未来股利的困难,极大地限制了股票价值估价模型使用的广泛性。在实务中,可以利用市盈率大致地估计股票投资的内部收益率。

(1) 市盈率是股票目前市价与每股盈余的币值。

它反映投资者为取得对每股盈余的要求权而愿意支付的代价,即购买价格是每股盈余的倍数。由于股票的购买价格就是在股票上的投资额,每股盈余则表示在该股票上应当取得的投资收益(包括股利收益和留存收益),那么市盈率的倒数就表示一种在股票投资上的收益率。用 PE 表示市盈率,有:

$$投资收益率\ R = \frac{1}{市盈率(PE)} = \frac{EPS_0}{P_0}$$

注意 用市盈率来估计股票投资的收益率有两个基本前提:第一,本期的公司盈余全部用来发放股利,即利润留存率为零;第二,由利润留存决定的股利增长率 g 也为零。

(2) 用市盈(比)率估计股价。

股票价格 = 该股票市盈率 × 该股票每股收益

股票(相对)价值 = 行业可比的平均市盈率 × 该股票每股收益

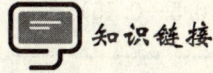

用市盈率估计股票风险

(1) 行业平均的市盈率在 10~11 之间,企业的市盈率在 5~20 之间是比较正常的,而过高或过低的市盈率都不是好兆头。

(2) 一般认为,股票的市盈率比较高,表明投资者对公司的未来充满信任,这种股票的风险较小,但应注意不是越高越好。

(3) 市盈率超过 20 的股票,是不正常的,很可能是股价下跌的前兆,风险相当大。

（4）市盈率在5以下的股票，前景比较悲观，风险较大。

（5）预期的通胀或提高利率，会使市盈率普遍下降，反之上升；公司预期的利润增长，会使市盈率上升，反之下降；债务比重大的公司市盈率较低。

3. 股票投资的特殊应用——并购

并购一家公司时，可以支付现金，也可以实施股票交换。现金交易，就是并购公司用现金买下被并购公司的普通股。而股票交易，就是并购公司发行新股票以交换被并购公司的股票，使得所有被并购公司的原有股东全部成为合并公司的股东。

1）在现金交易当中，并购的净现值较为容易计算

 案例 4-4

假设甲公司买下乙公司，则这一并购的收益就等于合并后的公司价值减去合并前两公司的市价总值，合并的成本则是支付给乙公司的现金减去乙公司原有的市价，而收益与成本之间的差额即为合并的净现值。假设甲、乙两公司在合并之前的市场价值都是1亿元，而合并后的公司价值则是2.5亿元，那么这一合并产生的收益即是0.5亿元。若甲公司同意支付1.15亿元的现金给乙公司，则合并的成本是0.15亿元(1.15－1)，而净现值为0.35亿元(0.5－0.15)。

2）若是股票交易，就需要并购公司将合并公司的股票交换给被并购的公司股东，因此并购的成本取决于合并公司的价值

 案例 4-5

假设前述的两家公司以换股方式来合并，两者原先都是发行100万股，合

并条件是一股换一股,因此乙公司原有的股东将拥有合并公司 50%的股权。由于合并公司 50%的股权相当于 1.25 亿元,因此合并的成本是 0.25 亿元(1.25—1),而净现值为 0.25 亿元(0.5—0.25)。从上述分析可看出,甲公司的股东在换股交易中所享受到的合并收益,高于采用现金交易的情况。

但是,如果合并公司的价值低于预期,则换股交易的合并成本会随之改变,而现金交易的合并成本却维持不变。假设合并公司的价值只有 2.1 亿元,合并的收益降为 0.1 亿元,现金交易的合并成本仍为 0.15 亿元,因此对甲公司原有的股东相当不利。另一方面,如果是换股交易,则合并公司 50%的股权也只相当于 1.05 亿元,因此合并的成本只有 0.05 亿元,而净现值则为 0.05 亿元(0.1—0.05)。

上述例子强调的重点就是,合并的净现值取决于支付给被合并公司的金额或价值。若以现金支付,则其支付金额不变;若以股票支付,其支付的价值则取决于合并公司的市场价值。

3) 理解并购收益

原则上,评估并购计划和评估资本支出计划并无任何差别。两者都是先估计现金流量的变动额,用适当的折现率予以折现,再扣除最初投入的成本。只要净现值为正数,那就可以实施这些计划。

如果要评估并购所产生的收益,常用的方法是先评估合并后的公司价值,再扣除各公司在并购之前的市场价值。计算出并购的收益后,并购的成本就随之出现,其数值等于并购公司所付出的金额减去并购公司在并购前的市场价值。接下来,我们就可以计算出净现值,也就是并购的收益减去其成本。

虽然这种评估方法在原则上并没有什么不妥的地方,但在实际操作中可能会因为高估并购后公司的价值,从而高估了并购收益。分析人员很可能看好并购后的发展,进而毫无根据地高估未来现金流量。再者,如果是由低风险的公司并购高风险的公司,则分析人员也可能用前者的资金成本来计算并购后现金流量的现值,因而高估了并购后的公司价值。

解决这些问题的关键,在于先以被并购公司在并购前的市场价值为基准,再加计确切的并购收益。并购的收益则代表了并购公司经营层所能创造的价值,而并购的成本仍旧是并购公司所负担的溢价。

增值法可以促使公司的经营管理者仔细评估,预计如何获得并购收益,以及可产生效益的时间。在商业银行、石油和电信等行业的大型并购案中,预期的收益通常都包括大幅度缩减重复的设施和人力。但经营管理层必须仔细评估实现这些收益所需要的时间,以及其中可能出现的障碍。用增值法来计算并购的净现值,可以帮助公司的经营管理者注意到这些事项。

(四)证券投资的风险

获取投资收益是证券投资的主要目的。证券投资的风险是投资者无法获得预期投资收益的可能性,按风险性质划分为系统性风险和非系统性风险(如图4-5所示)。

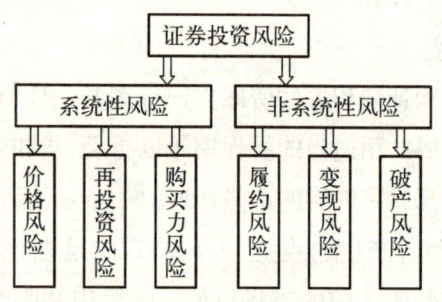

图4-5 证券投资风险

1. 系统性风险

证券的系统性风险是由于外部经济环境因素变化引起整个证券市场不确定性加强,从而对市场上所有证券都产生影响的共同性风险。系统性风险影响到市场上的所有证券,无法通过投资多样化的证券组合而加以避免,也称为不可分散风险。系统性风险表现为价格风险、再投资风险和购买力风险。

1) 价格风险

价格风险是由于市场利率上升而使证券价格普遍下跌的可能性。资本是一种商品,利率是资本使用权的价格,它受资本供求关系的制约。资本需求量增加,市场利率上升;资本供应量增加,市场利率下降。证券市场是一个资本市场,价格风险来自证券市场买卖双方供求关系的不平衡。

当证券持有期间的市场利率上升,证券价格就会下跌,证券期限越长,投资者遭受的损失越大。流动性附加率是对投资者承担利率变动风险的一种补偿,期限越长的证券,要求的流动性附加率就越大。

2) 再投资风险

再投资风险是由于市场利率下降而造成的无法通过再投资而实现预期收益的可能性。

为了市场利率上升的价格风险,投资者可能会投资于短期证券,但短期证券又会面临市场利率下降的再投资风险,即无法按预定报酬率进行再投资而实现所要求的预期收益。

3) 购买力风险

购买力风险是由于通货膨胀而使货币购买力下降的可能性。证券投资是一种货币性资产,通货膨胀会使证券投资的本金和收益贬值,名义报酬率不变而实际报酬率降低。购买力风险对具有收款权利性质的资产影响很大,债券投资的购买力风险远大于股票投资。如果通货膨胀长期延续,投资者会把资本投向实体性质资产以求保值,对证券资产的需求减少,引起证券价格下跌。

2. 非系统性风险

证券的非系统性风险是由于特定经营环境或特定事件变化引起的不确定性,从而对个别证券产生影响的特有性风险。非系统性风险源于每个公司自身特有的营业活动和财务活动,与某个具体的证券相关联,同整个证券市场无关。非系统性风险可以通过持有证券投资多样化来抵消,也称为可分散风险。

非系统性风险是公司特有风险。从公司内部管理的角度考察,公司特有

风险的主要表现形式是公司经营风险和财务风险。从公司外部的证券市场投资者的角度考察,公司经营风险和财务风险的特征无法明确区分,公司特有风险是以履约风险、变现风险、破产风险等形式表现出来的。

1) 履约风险

履约风险是指证券发行者无法按时兑付证券利息和偿还本金的可能性。履约风险是投资于收益固定型有价证券的投资者经常面临的,多发生于债券投资中。履约风险产生的原因可能是公司产品经销不善,也可能是公司现金周转不灵。

2) 变现风险

变现风险是证券持有者无法在市场上以正常的价格平仓出货的可能性。持有证券的投资者,可能会在证券持有期限内出售现有证券投资于另一项目,但在短期内找不到愿意出合理价格的买方,投资者就会丧失新的投资机会或面临降价出售的损失。在同一证券市场上,各种有价证券的变现能力是不同的,交易越频繁的证券,其变现能力越强。

3) 破产风险

破产风险是在证券发行者破产清算时投资者无法收回应得权益的可能性。当证券发行者由于经营管理不善而持续亏损时,现金周转不畅而无力清偿债务或其他原因导致难以持续经营时,可能会申请破产清算。破产保护会导致债务清偿的豁免、有限责任的退资,使得投资者无法取得应得的投资收益,甚至无法收回投资的本金。

3. 站在股东的立场看投资风险

股东通过能够反映该项投资计划风险的折现率,将未来预期的现金流量予以折现,以评估公司的投资计划。因此,公司经理若想了解股票市场对新投资计划的评价,就必须站在股东的立场来评估投资计划的风险。

股东通常都持有一个由若干种证券和其他资产所构成的投资组合。因此,在评估个别投资计划的风险时,应考虑的重点不是该计划本身所具有的风险,而是整个投资组合的风险变化。这一点极为重要,因为股东可以凭借其持有分散的投资组合来降低总风险。由于各种风险性质产生的报酬并非完全相关,因此同时持有若干种风险性资产时,一部分的报酬率波动会互相抵消,从而使整个投资组合的风险低于个别资产的风险。

任何资产的总风险都包括两部分:一部分是非系统风险,也称可分散风险,其构成了个别资产报酬率波动性的一部分,但这部分在投资组合报酬率波动性中所占的比重微乎其微。因此,我们认为在投资组合中,可以分散这种风险。另一部分的风险是系统风险,也称不可分散风险。虽然各种资产的报酬率并非完全相关,但通常还是具有某种程度的关联,原因是商业循环和共同面对的世界经济环境等因素或多或少地影响着各种资产的报酬。因此,即使是分散的投资组合也无法完全消除这类共同因素所产生的风险。对投资组合而言,系统风险是指无法再行降低的报酬率波动率。分散的投资组合所具有的风险,大部分是系统风险,非系统风险很少,甚至可以完全抵消。对个别资产而言,系统风险指该资产对分散的投资组合所产生的影响,其结果取决于一般经济因素对该证券资产报酬率的影响。个别资产兼有系统风险与非系统风险,一旦纳入投资组合之后,其中可分散风险的重要性便会随即降低。

系统风险与非系统风险的差别之所以如此重要,原因就在于经理人与股东可能对风险持有不同的看法。经理人的前途与公司有着密切的联系,而股东却可能借分散投资来降低对公司的依赖。因此,经理人可能比股东更重视可分散的风险。例如,公司经理可能更希望投资计划能够让公司的经营领域分散,促使现金流量持续稳定,从而使投资者可以轻易地借助分散投资组合来达到预期目标。因此,股票市场对公司的评价,并非取决于可分散风险,关键在于投资计划的系统风险。

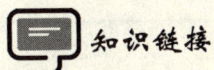

实施灵敏度分析

在计算投资计划的净现金之后,管理者还应该考虑一下各种可变因素对利润的影响,这就是灵敏度分析。你所预测的计算结果可能来自多个方面的假设，诸如有关产品的价格、运营成本、资金成本、额外投资需求以及期末价值等各种因素。当然，这些假设难免会有一些偏差或是错误，但它们对于净现值来说影响较大。因此，我们有必要对各项假设在有偏差时所产生的影响进行评估。

灵敏度分析涉及许多可能的方法。首先，我们可以逐一改变各种假设，观察这一改变对净现值的影响。其次，由于对投资计划期末价值的预测常常不太精确，所以对于某些投资计划我们必须格外谨慎地加以审核。

投资计划的预期资金成本也可能会出现明显的误差，期限较短的计划所受影响有限，因为现金流量只在最初的几年发生，资金成本的高低对净现值的影响不大。但是，对现金流量中在后期的长期计划来说，其净现值可能会随着资金成本的变动而有大幅增减。

灵敏度分析的第二种方法就是找出在净现值为正数时，各假设所对应的极大值或极小值。例如，我们可以找出使净现值为正数的最低产品价格或最高运营成本比率。

有时候，我们可以排除某些极端的数值，却无需设法估计出其精确的数值。比如，分析人员可能无法确定产品价格，但可以确定单价不会低于10元。如果在单价为10元时，投资计划的净现值仍为正数，我们便可以推断其净现值应该为正数。

另一种比较复杂的方法是模拟。这是针对各种假设分别决定其概率分布，再从既定的概率分布中随机抽取出个别数值，然后逐一计算该组数值所对应的净现值。这种方法的优点是其可以同时改变各种假设，从而了解净现值的可能范围。尽管模拟过程可能相当复杂，但一些世界知名公司，都是使用这种方法评估研发计划。

第五章 论功行赏——领导如何决策利润分配

  大家作出努力之后有公道的回报,在利益分配方面比较公平。这是我们的诀窍。
——熊晓鸽

  我觉得我这个团队是我最大的财富,我就最珍惜这个。 ——史玉柱

  如果10%的利润是合理的,11%的利润是可以的,那我只拿9%。
——李嘉诚

  要成为一位成功的领导者,不单要努力,更要听取别人的意见。要有忍耐力,在提出自己意见前,更要考虑别人的意见,最重要的是创出新颖的意念……作为一个领袖:第一,最重要的是责己以严,待人以宽;第二,要令他人肯为自己办事,并有归属感。机构大必须依靠组织,在二三十人的企业,领袖走在最前端便最成功。当规模扩大至几百人,领袖还是要去参与工作,但不一定是走在前面的第一人。要做大便要靠组织,否则,便迟早会撞板,这样的例子很多,百多年的银行也一朝崩溃。
——李嘉诚

一、如何分配"果实"

  这里所说的"果实"就是指企业所获得的利润。在市场经济条件下,利润是反映企业经营绩效的核心指标,也是企业利益相关者进行利润分配的基础。企业的利润分配主要是确定企业的净利润如何在分发给投资者和用于再投资这两方面进行分配。利润分配是一项十分重要的工作,它不仅影响企

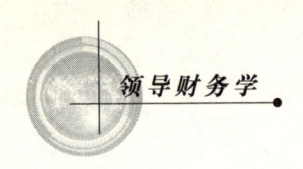

业的筹资和投资决策,而且涉及国家、企业、投资者、职工等多方面的利益关系,涉及企业长远利益和近期利益、整体利益和局部利益等关系的处理和协调。

(一)为保证企业利润分配的正常进行,在利润分配中必须遵循以下原则

1. 兼顾各方利益原则

在"果实"的分配中,必须兼顾国家、企业投资者和经营者几方面的利益。根据这一原则,企业实现的利润必须按税法规定的所得税税率计算缴纳所得税,税后利润再在企业、投资者和职工之间进行分配,以维护各方面主体的利益。

2. 积累和消费相结合的原则

企业税后利润的分配要体现把积累和消费正确地结合起来的要求。要防止片面强调积累,不顾消费的行为,也要纠正片面强调消费,挤占积累的行为。

3. 非有盈余不得分配原则

非有盈余不得分配原则是公司分配利润的重要原则和前提之一。公司当年无盈利,原则上不得分配股利;公司即便有盈余,若有亏损还须先行弥补亏损,不得将亏损递延;弥补亏损后还须先提取法定公积金,最后才能就所剩余利润,即盈余向股东分配股利。这一原则的目的在于贯彻资本充实原则,维护公司财产基础及信用能力以保证公司和债权人的利益。

4. 分配自由原则

新《公司法》规定允许股东约定不按照出资比例分取红利或不按照出资比例优先认缴出资;允许股份有限公司章程规定不按持股比例分配股利。在新规定下,公司章程可以基于公司的经营情况,以最合理的方式约定股利分配方式,充分体现了公司的契约性性质。

(二)"果实"分配的内容和顺序

为巩固公司资本基础,保护债权利益,维护交易安全和社会公益,各国公司法以强行法的形式规定了公司利润的分配顺序。根据新《公司法》第一百六十七条,公司利润分配的顺序如下。

1. 弥补企业亏损

根据我国现行财务和税收制度的规定,企业发生的年度亏损,可以用下一年度的税前利润弥补,下一年度税前利润不足弥补的,可以延续在5年内用税前利润弥补;超过5年仍不足弥补的亏损,可用税后利润弥补。

2. 缴纳所得税

企业实现的利润总额,首先应该按照国家税法的规定依法向国家缴纳所得税。

3. 分配税后利润

税后利润应按以下基本程序进行分配。

公司向投资者(股东)分配利润(分派股利),应按规定的顺序进行。按我国《公司法》的有关规定,利润分配应按下列顺序进行:

(1) 以税后利润弥补历年所留亏损。公司的法定公积金不足以弥补以前年度亏损的,在提取法定公积金之前,应当先用当年利润弥补亏损。

(2) 提取盈余公积金。盈余公积金是企业从税后利润中提取的积累资金,是企业用于防范和抵御风险,保证企业稳定经营和长期发展的必要条件。它实质上属于所有者权益,为投资者所有。盈余公积金包括法定盈余公积金和任意公积金。

非股份制企业应提取法定盈余公积金:现行制度规定按税后净利润的10%提取,当法定盈余公积金累计额为公司注册资本的50%以上的,可以不再提取。法定盈余公积金主要用于弥补企业亏损、转增资本或用于向投资者分配利润。转增资本或用于向投资者分配利润后,企业留存的法定盈余公积金不得低于企业注册资本的25%。股份制企业除提取、建立法定盈余公积金外,还应在向普通股股东分配利润前,经股东或股东大会决议,从税后利润中提取任意盈余公积金。

股份制企业除提取、建立法定盈余公积金外,还应在向普通股股东分配股利前,经股东大会或股东大会决议,从税后利润中提取任意盈余公积金。

(3)向投资者分配利润。企业当年实现的税后利润,在弥补亏损,提取公积金以后,剩下的利润可以用于对投资者分配利润。

就股份制而言,首先应支付优先股股利,其次提取任意盈余公积金,最后向企业普通股股东支付普通股股利。如果企业当年无盈利,一般不得分配利润。但股份有限公司当年无利润的,在经股东大会特别决议后,可以按不超过股票面值6%的比例用积累的公积金分配股利。

二、股利与股利政策

股利作为股份有限公司对其股东支付的报酬,是公司就税后利润对股东的一种分配。在通常情况下,股利会增加股东的财富,其价值大小取决于可由它带来的未来预期现金流量;但股利可能带来的未来预期现金流量,除了与公司的经营状况有关,还往往与股利的支付方式相关。因此,公司是否要支付股利、以什么方式支付股利、支付的股利率是多少以及支付股利的程序如何等都属于公司股利政策的内容。公司的股利政策决定了流向投资者与留存在公司里以便未来再投资的资金比例和数量。这不仅会影响股东的财富和公司的筹资问题,更重要的是,它会向公司利益相关人传递公司的相关信息,进而影响他们在资本市场的决策,并最终通过资本市场影响公司的长远利益。所以公司的股利政策无论对公司的管理者还是公司的股东,都是非常重要的。

(一)股利理论

关于股利与股票市价间的关系,存在着不同的观点,并形成了不同的股利理论。股利理论主要包括股利无关论、股利相关论、所得税差异理论及代理理论。

1. 股利无关论

股利无关论(也称MM理论)认为,在一定的假设条件限定下,股利政策不会对公司的价值或股票的价格产生任何影响。一个公司的股票价格完全

由公司的投资决策的获利能力和风险组合决定,而与公司的利润分配政策无关。该理论是建立在完全市场理论之上的。假定条件包括:

(1) 市场具有强式效率。

(2) 不存在任何公司或个人所得税。

(3) 不存在任何筹资费用(包括发行费用和各种交易费用)。

(4) 公司的投资决策与股利决策彼此独立(公司的股利政策不影响投资决策)。

(5) 投资者与公司管理人员对企业未来的投资机会可以获得同样的信息。

(6) 投资者对股利收益与资本利得收益具有同样的偏好。

该理论认为:股利政策对公司的市场价值(或股票价格)不会产生影响;投资者并不关心股利的分配;股利的支付比率不影响公司的价值。根据这种理论,企业的价值是由资产的盈余和投资政策所决定的,股利仅仅是由公司投资方案所决定的一个被动的剩余额。

案例 5-1

某公司目前资产负债表如表 5-1。

表 5-1　　　　　　　　　　资产负债表　　　　　　　　单位:万元

现金	1 000	负债	400
长期资产	9 000	股东权益	6 000(+NPV)
投资项目(初始投资额 1 000 万元 NPV)			
资产总计	10 000(+NPV)	负债和权益总计	10 000(+NPV)

该公司可以将 1 000 万元的现金作为现金股利分配给公司股东,也可以将其用于项目投资。如果该公司将现金用于股利分配,它需要通过发行普通股的方式筹措 1 000 万元的资金用于项目投资(注意,公司不能依靠增加负债获得 1 000 万元的投资资金,因为这样做公司的资本结构将发生变化)。

如果公司利用1 000万元的现金进行项目投资而不是用于股利分配,则该公司股东权益的价值为:6 000万元(+NPV)。如果公司将1 000万元的现金用于股利发放,而依靠增发新股筹措到项目投资所需的资金,则该公司老股东(即不包括因购买价值1 000万元的新股而成为公司股东的那部分新股东)的股东权益价值为:

$$老股东权益价值 = 股东收益价值 - 新股东收益价值$$
$$= 6\,000(+NPV) - 1\,000$$
$$= 5\,000(万元)(+NPV)$$

与前一种情况相比,老股东的收益价值减少了1 000万元,但同时他们得到了1 000万元的现金股利,所以其实际价值未受影响。

在满足MM各项假设的前提下,不论公司的股利政策如何,股东都可以通过二级市场操作来实现自己所希望的现金使用和分配方案,因此,公司的股利政策并不会影响股东对现金的需求和使用,股东可自行决定股利政策。

2. 股利相关论

股利相关理论认为,企业的股利政策会影响到股票价格。主要观点包括以下几种。

1) 股利重要论

股利重要论(又称"一鸟在手"理论)认为,用留存收益再投资给投资者带来的收益具有较大的不确定性,并且投资的风险随着时间的推移会进一步增大,因此,投资者更喜欢现金股利,而不愿意将收益留存在公司内部,而去承担未来的投资风险。

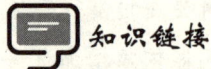知识链接

最早关于股利政策研究的理论是"一鸟在手"理论(bird-in-the-hand)。

1938年,Williams(威廉姆斯)运用股利贴现模型(dividend discount model)对股利政策进行研究,形成了早期的"一鸟在手"理论。随后,Lintner(林特勒)、Walter(华特)和Gordon(戈登)等又相继对此进行了研究。在"一鸟在手"理论的形成和完善过程中,戈登的贡献无疑是最大的。戈登关于股利政策方面的代表性著述有:1959年在《经济与统计评论》上发表的《股利、盈利和股票的价格》、1962年出版的《投资、融资和公司价值》以及1963年在《财务学刊》上发表的《最优投资和财务政策》等。而1963年的《最优投资和财务政策》一文,标志着"一鸟在手"理论的最终形成。"一鸟在手"的理论源于谚语"双鸟在林,不如一鸟在手"。该理论认为,对投资者来说,现金股利是抓在手中的鸟,而公司留存收益则是躲在林中的鸟,随时可能飞走。相对于股利支付而言,资本利得具有更高的不确定性。根据风险和收益对等原则,在公司收益一定的情况下,作为风险规避型的投资者偏好股利而非资本利得,股利支付的高低最终会影响公司价值。但从"一鸟在手"理论的推导过程中可以发现,早期关于股利政策的研究无一例外均和证券估价联系在一起,并未作为一个专门的研究领域独立出来,从而无法凸显股利政策理论的学术价值和地位。

2) 信号传递理论

信号传递理论认为,在信息不对称的情况下,公司可以通过股利政策向市场传递有关公司未来盈利能力的信息,从而会影响公司的股价。一般来讲,预期未来盈利能力强的公司往往愿意通过相对较高的股利支付水平,把自己同预期盈利能力差的公司区别开来,以吸引更多的投资者。

3) 所得税差异理论

所得税差异理论认为,由于普遍存在的税率的差异及纳税时间的差异,资本利得收入比股利收入更有助于实现收益最大化目标,企业应当采用低股利政策。

4) 代理理论

代理理论认为,股利政策有助于减缓管理者与股东之间的代理冲突,股利政策是协调股东与管理者之间代理关系的一种约束机制。

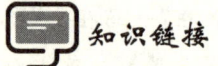

较多地派发现金股利至少具有以下几点好处：

（1）公司管理者将公司的盈利以股利的形式支付给投资者，则管理者自身可以支配的"闲余现金流量"就相应减少了，这在一定程度上可以抑制公司管理者过度地扩大投资或进行特权消费，从而保护外部投资者的利益。

（2）较多地派发现金股利，减少了内部融资，导致公司进入资本市场寻求外部融资，从而公司可以经常接受资本市场的有效监督，这样便可以通过资本市场的监督减少代理成本。

（二）股利支付方式和程序

1. 股利支付的方式

股份制企业股利支付的方式一般都有现金股利、股票股利、财产股利和负债股利等，后两种方式应用较少。我国有关法律规定，股份制企业只能采用现金股利和股票股利两种方式。

1）现金股利

现金股利是以现金支付的股利，它是股利支付的主要方式，也是目前最常用的股利分派形式。现金股利发放的多少主要取决于企业的股利政策和经营业绩。企业选择现金股利方式的条件主要有：企业有充足的、可以支付的现金，资产流动性较强；企业有较强的外部筹资能力；现金股利的支付不存在债务契约的约束等。由于现金具有较强的流动性，且现金股利还可以向市场传递一种积极的信息，因此，现金股利的支付有利于支撑和刺激企业的股价，增强投资者的投资信心。现金股利的发放会对股票价格产生直接的影响，在股票除息日之后，一般来讲股票价格会下跌。公司支付现金股利除了要有累积盈余外，还要求有足够的现金以供发放股利。

2) 股票股利

股票股利是公司以增发的股票作为股利的支付方式。可以用于发放股票股利的,除了当年的可供分配的利润外,还有公司的盈余公积金。发放股票股利时,一般应按股权登记日的股东持股比例来分派,将股东大会决定用于分配的盈余公积金和可供分配的利润转成股本,并通过股票交易中心的计算系统按比例增加各个股东的持股数量。对于不满一股的股利,则采用现金来分派或通过股东之间将不满一股的份额相互转让来解决。

股票股利对公司来说,并没有现金流出,也不会导致公司的财产减少,而只是将公司的留存收益转化为股本。但股票股利会增加流通在外的股票数量(股数),同时降低股票的每股价值。它不会改变公司股东权益总额,但会改变股东权益的构成结构。从表面上看,分配股票股利除了增加所持股数外好像并没有给股东带来直接收益,事实上并非如此。因为市场和投资者普遍认为,公司如果发放股票股利往往预示着公司会有较大的发展和成长,这样的信息传递不仅会稳定股票价格甚至可能使股票价格上升。另外,如果股东把股票股利出售,变成现金收入,还会带来资本利得在纳税上的好处。

公司采取以股票股利支付方式有以下优点:① 节约公司现金;② 降低每股市价,促进股票的交易和流通;③ 日后公司要发行新股票时,则可以降低发行价格,有利于吸引投资者;④ 传递公司未来发展前景的良好信息,增强投资者的信心;⑤ 股票股利在降低每股市价的时候会吸引更多的投资者成为公司的股东,从而使公司股权更为分散,这样就能防止其他公司的恶意控制。

2. 股利的支付程序

股份有限公司向股东支付股利的程序主要包括:股利宣告日、股权登记日、除权除息日和股利支付日。

(1) 股利宣告日:即企业董事会将股利支付情况予以公告的日期。公告中将宣布每股支付的股利、股权登记期限和除权除息日期以及股利支付日期。

(2) 股权登记日:即有权领取股利的股东资格登记截止日期。只有在股权登记日前在企业股东名册上存在的股东,才有权分享股利。

(3) 除权除息日:即指领取股利的权利与股票相互分离的日期。在除权除息日前,股利权从属于股票,持有股票者即享有领取股利的权利;除权除息日始,股利权与股票相分离,新购入股票的人不能分享股利。这是因为股票买卖的交接、过户需要一定的时间,为了避免可能发生的冲突,一般规定在股权登记日之后的第一个交易日为除权除息日。自此日起,企业股票的交易称为无息交易,其股票称为无息股。这就是说,一个新股东要想取得本期股利,必须在股权登记日之前购入股票,否则即使持有股票也无权领取股利。

(4) 股利支付日:即向股东发放股利的日期。

(三) 股利政策

1. 剩余股利政策

剩余股利政策是指公司生产经营所获得的净收益首先应满足公司的资金需求,如果还有剩余,则派发股利;如果没有剩余,则不派发股利。剩余股利政策的理论依据是 MM 理论股利无关论。该理论是由美国财务专家米勒(Miller)和莫迪格莱尼(Modigliani)于 1961 年在他们的著名论文《股利政策,增长和股票价值》中首先提出的,因此被称为 MM 理论。该理论认为,在完全资本市场中,股份公司的股利政策与公司普通股每股市价无关,公司派发股利的高低不会对股东的财富产生实质性的影响,公司决策者不必考虑公司的股利分配方式,公司的股利政策将随公司投资、融资方案的制订而确定。因此,在完全资本市场的条件下,股利完全取决于投资项目需用盈余后的剩余,投资者对于盈利的留存或发放股利毫无偏好。

剩余股利政策的决策步骤如下:

(1) 根据公司的投资计划确定公司的最佳资本预算。

(2) 根据公司的目标资本结构及最佳资本预算,预计公司资金需求中所需要的权益资本数额。

(3) 尽可能用留存收益来满足资金需求中所需增加的股东权益数额。

(4) 留存收益在满足公司股东权益增加需求后,如果有剩余再用来发放股利。

第五章 论功行赏——领导如何决策利润分配

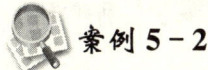

案例 5-2

航通股份公司2009年的税后净利润为8 000万元,由于公司尚处于初创期,产品市场前景看好,产业优势明显。确定的目标资本结构为:负债资本为70%,股东权益资本为30%。如果2010年该公司有较好的投资项目,需要投资6 000万元,该公司采用剩余股利政策,则该公司应当如何融资和分配股利。

首先,确定按目标资本结构需要筹集的股东权益资本为:

$$6\,000 \times 30\% = 1\,800(万元)$$

其次,确定应分配的股利总额为:

$$8\,000 - 1\,800 = 6\,200(万元)$$

因此,航通股份公司还应当筹集负债资金为:

$$6\,000 - 1\,800 = 4\,200(万元)$$

案例 5-3

假定某公司某年提取了公积金后的税后净利润为800万元,第2年的投资计划所需资金1 000万元,公司的目标资本结构为权益资本占60%、债务资本占40%,那么,按照目标资本结构的要求,公司投资方案所需的权益资本数额为:

$$1\,000 \times 60\% = 600(万元)$$

公司当年全部可用于分配股利的盈余为800万元,可以满足上述投资方案所需的权益资本数额并有剩余,剩余部分再作为股利发放。当年发放的股利额即为:

$$800 - 600 = 200(万元)$$

159

假定该公司当年流通在外的只有普通股100万股,那么每股股利即为:

$$200 \div 100 = 2(元)$$

选择剩余股利政策,意味着公司倾向保持理想的资本结构。

剩余股利政策的优点是:留存收益优先保证再投资的需要,从而有助于降低再投资的资金成本,保持最佳的资本结构,实现企业价值的长期最大化。其缺点是:如果完全遵照执行剩余股利政策,股利发放额就会每年随投资机会和盈利水平的波动而波动。即使在盈利水平不变的情况下,股利也将与投资机会的多寡呈反方向变动:投资机会越多,股利发放越少;反之,投资机会越少,股利发放越多。而在投资机会维持不变的情况下,则股利发放额将因公司每年盈利的波动而同方向波动。剩余股利政策不利于投资者安排收入与支出,也不利于公司树立良好的形象。剩余股利政策一般适用于公司初创阶段。

2. 固定或持续增长股利政策

固定或持续增长股利政策是保持公司股利长期地固定在某一水平上不变。只有当公司认为未来盈余将会显著地、不可逆转地增长时,才提高年度的股利发放额,使股利的支付在一定时期内达到稳中有升的趋势。因此,该股利政策又称为阶梯式的股利政策,主要适用于经营比较稳定的企业。

采用这一股利政策的主要优点是:

(1) 稳定的股利政策向市场传递着公司正常发展的信息,有利于树立公司的良好形象,增强投资者的信心,稳定股票价格。

(2) 稳定的股利政策有利于投资者安排股利的收入和支出,特别是那些依靠股利维持消费的投资者尤为如此。

(3) 股利稳定的股票有利于投资者购买。

该种股利政策尽管是有着股利稳定的优点,但也存在以下缺陷:

(1) 股利的支付与企业的盈余相脱节,使股利的分配水平不能反映企业的盈利水平。

（2）当企业的盈余较低或现金紧张时仍要支付固定的股利，可导致企业资金短缺，加大企业的财务压力，甚至陷入财务困境。

3. 固定股利支付率政策

固定股利支付率政策是指公司先确定一个股利占净利润（公司盈余）的比率，然后每年都按此比率从净利润中向股东发放股利，每年发放的股利额都等于净利润中向股东发放股利，每年发放的股利额都等于净利润乘以固定的股利支付率。这样，净利润多的年份，股东领取的股利就多；净利润少的年份，股东领取的股利就少。也就是说，采用此政策发放股利时，股东每年领取的股利额是变动的，其多少主要取决于公司每年事先的净利润的多少及股利支付率的高低。我国的部分上市公司采用固定股利支付率政策，将员工个人的利益与公司的利益捆在一起，从而充分调动了广大员工的积极性。

主张采用此政策的人认为，通过固定的股利支付率向股东发放股利，能使股东获取的股利与公司实现的盈余紧密联系，以真正体现"多盈多分，少盈少分，无盈不分"的原则，只有这样，才算真正公平地对待了每一个股东。

另外，采取此政策向股东发放股利时，实现净利润多的年份向股东发放的股利多，实现净利润少的年份向股东发放的股利少，所以不会给公司带来固定的财务负担。其缺点主要是由于股利波动容易使外界对公司产生经营不稳定的印象，不利于股票价格的稳定与上涨。

4. 低正常股利加额外股利政策

低正常股利加额外股利政策是公司事先设定一个较低的经常性股利额。在一般情况下，公司每期都按此金额支付正常股利，只有企业盈利较多时，再根据实际情况发放额外股利。

低正常股利加额外股利政策的理论依据是"一鸟在手"理论和股利信号理论。该政策将公司派发的股利固定地维持在较低的水平，则当公司盈利较少或需用较多的保留盈余进行投资时，公司仍然能够按照既定的股利水平派发股利，体现了"一鸟在手"理论。而当公司盈利较大且有剩余现金时，公司可派发额外股利，体现了股利信号理论。公司将派发额外股利的信息传播给

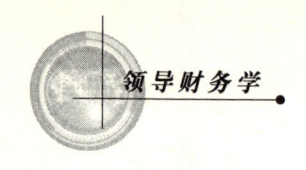

股票投资者,有利于股票价格的上扬。

1) 低正常股利加额外股利政策的优点

(1) 低正常股利加额外股利政策赋予公司一定的灵活性,使公司在股利发放上留有余地和具有较大的财务弹性。同时,每年可以根据公司的具体情况,选择不同的股利发放水平,以完善公司的资本结构,进而实现公司的财务目标。

(2) 低正常股利加额外股利政策有助于稳定股价,增强投资者信心。由于公司每年固定派发的股利维持在一个较低的水平上,在公司盈利较少或需用较多的留存收益进行投资时,公司仍然能够按照既定承诺的股利水平派发股利,使投资者保持一个固有的收益保障,这有助于维持公司股票的现有价格。而当公司盈利状况较好且有剩余现金时,就可以在正常股利的基础上再派发额外股利,而额外股利信息的传递则有助于公司股票的股价上扬,增强投资者的信心。

可以看出,低正常股利加额外股利政策既吸收了固定股利政策对股东投资收益的保障优点,同时又摒弃其对公司所造成的财务压力方面的不足,所以在资本市场上颇受投资者和公司的欢迎。

2) 低正常股利加额外股利政策的缺点

(1) 由于年份之间公司的盈利波动使得额外股利不断变化,或时有时无,造成分派的股利不同,容易给投资者以公司收益不稳定的感觉。

(2) 当公司在较长时期持续发放额外股利后,可能会被股东误认为是"正常股利",而一旦取消了这部分额外股利,传递出去的信号可能会使股东认为这是公司财务状况恶化的表现,进而可能会引起公司股价下跌的不良后果。

低正常股利加额外股利政策主要适用于经营状况和利润不稳定的企业,和盈利水平随着经济周期而波动较大的公司或行业。

(四) 影响股利政策选择的因素

公司在制定股利政策时,必须充分考虑股利政策的各种影响因素,从保护股东、公司本身和债权人的利益出发,才能使公司的收益分配合理化。

1) 各种限制条件

一是法律法规限制。为维护有关各方的利益,各国的法律、法规对公司的利润分配顺序、留存盈利、资本的充足性、债务偿付、现金积累等方面都有规范,股利政策必须符合这些法律规范。二是契约限制。公司在借入长期债务时,债务合同对公司发放现金股利通常都有一定的限制,股利政策必须满足这类契约的限制。三是现金充裕性限制。公司发放现金股利必须有足够的现金,能满足公司正常的经营活动对现金的需求。否则,其发放现金股利的数额必然受到限制。

2) 宏观经济环境

经济的发展具有周期性,公司在制定股利政策时同样受到宏观经济环境的影响。例如,我国上市公司在形式上表现为由前几年的大比例送配股,到近年来现金股利的逐年增加。

3) 通货膨胀

当发生通货膨胀时,折旧储备的资金往往不能满足重置资产的需要,公司为了维持其原有生产能力,需要从留存利润中予以补足,可能导致股利支付水平的下降。

4) 市场的成熟程度

实证研究结果显示,在比较成熟的资本市场中,现金股利是最重要的一种股利形式,股票股利有时呈下降趋势。我国因尚系新兴的资本市场,和成熟的市场相比,股票股利成为一种重要的股利形式。

5) 投资机会

公司股利政策在较大程度上要受到投资机会的制约。一般来说,如果公司的投资机会多,对资金的需求量大,往往会采取低股利、高留存利润的政策;反之,若投资机会少,资金需求量小,就可能采取高股利政策。另外,受公司投资项目加快或延缓的可能性大小影响,如果这种可能性较大,股利政策就有较大的灵活性。例如有的企业有意多派发股利来影响股价的上涨,使已经发行的可转换债券尽早实现转换,达到调整资本结构的目的。

6) 偿债能力

大量的现金股利的支出必然影响公司的偿债能力。公司在确定股利分配数量时,一定要考虑现金股利分配对公司偿债能力的影响,保证在现金股利分配后,公司仍能保持较强的偿债能力,以维护公司的信誉和借贷能力。

7) 变现能力

如果一个公司的资产有较强的变现能力,现金的来源较充裕,其支付现金股利的能力就强。而高速成长中的、盈利性较好的企业,如其大部分资金投在固定资产和永久性营运资金上,他们通常不愿意支付较多的现金股利而影响公司的长期发展战略。

8) 资本成本

公司在确定股利政策时,应全面考虑各条筹资渠道对资金来源的数量大小和成本高低,使股利政策与公司合理的资本结构、资本成本相适应。

9) 投资者结构或股东对股利分配的态度

公司每个投资者其投资目的和对公司股利分配的态度不完全一致,有的是公司的永久性股东,关注公司长期稳定发展,不大注重现期收益,他们希望公司暂时少分股利以进一步增强公司的长期发展能力;有的股东投资目的在于获取高额股利,十分偏爱定期支付高股息的政策;而另一部分投资者偏爱投机,投资目的在于短期持股期间股价大幅度波动,通过炒股获取价差。股利政策必须兼顾这三类投资者对股利的不同态度,以平衡公司和各类股东的关系。如偏重现期收益的股东比重较大,公司就需用多发放股利的方法缓解股东和管理当局的矛盾。另外,各因素起作用的程度对不同的投资者是不同的,公司在确定自己的股利政策时,还应考虑股东的特点。

(五) 股利政策的选择

前述几种股利政策各有利弊,上市公司选取股利政策时,必须结合自身情况,选择最适合本公司当前和未来发展的股利政策。其中占居主导地位的影响因素是公司目前所处的发展阶段。公司应根据自己所处的发展阶段来确定相应的股利政策。

公司的发展阶段一般分为初创阶段、高速增长阶段、稳定增长阶段、成熟阶段和衰退阶段。由于每个阶段的生产特点、资金需要、产品销售等不同,股利政策的选取类型也不同。

在初创阶段,公司面临的经营风险和财力风险都很高,公司急需大量资金投入,融资能力差,即使获得了外部融资,资金成本一般也很高。因此,为降低财务风险,公司应贯彻先发展后分配的原则,剩余股利政策为最佳选择。

在高速增长阶段,公司的产品销售急剧上升,投资机会快速增加,资金需求大而紧迫,不宜宣派股利。但此时公司的发展前景已相对较明朗,投资者有分配股利的要求。为了平衡这两方面的要求,应采取正常股利加额外股利政策,股利支付方式应采用股票股利的形式避免现金支付。

在稳定增长阶段,公司产品的市场容量、销售收入稳定增长,对外投资需求减少,EPS值呈上升趋势,公司已具备持续支付较高股利的能力。此时,理想的股利政策应是稳定增长股利政策。

在成熟阶段,产品市场趋于饱和,销售收入不再增长,利润水平稳定。此时,公司通常已积累了一定的盈余和资金,为了与公司的发展阶段相适应,公司可考虑由稳定增长股利政策转为固定股利支付率政策。

在衰退阶段,产品销售收入减少,利润下降,公司为了不被解散或被其他公司兼并重组,需要投入新的行业和领域,以求新生。因此,公司已不具备较强的股利支付能力,应采用剩余股利政策。

总之,上市公司制定股利政策时应综合考虑各种影响因素,分析其优缺点,并根据公司的成长周期,恰当地选取适宜的股利政策,使股利政策能够与公司的发展相适应。

三、股票分割与股票回购

(一)股票分割

股票分割又称股票拆细,即将一张较大面值的股票拆成几张较小面值的股票。股票分割对公司的资本结构不会产生任何影响,一般只会使发行在外的股票总数增加,资产负债表中股东权益各账户(股本、资本公积、留存收益)

的余额都保持不变,股东权益的总额也保持不变。

股票分割给投资者带来的不是现实的利益,但是投资者持有的股票数增加了,给投资者带来了今后可多分股息和更高收益的希望,因此股票分割往往比增加股息派发对股价上涨的刺激作用更大。

股票分割的作用有以下几点:

(1)股票分割会在短时间内使公司股票每股市价降低,买卖该股票所必需的资金量减少,易于增加该股票在投资者之间的换手,并且可以使更多的资金实力有限的潜在股东变成持股的股东。因此,股票分割可以促进股票的流通和交易。

(2)股票分割可以向投资者传递公司发展前景良好的信息,有助于提高投资者对公司的信心。

(3)股票分割可以为公司发行新股做好准备。公司股票价格太高,会使许多潜在的投资者力不从心而不敢轻易对公司的股票进行投资。在新股发行之前,利用股票分割降低股票价格,可以促进新股的发行。

(4)股票分割有助于公司并购政策的实施,增加对被并购方的吸引力。

(5)股票分割带来的股票流通性的提高和股东数量的增加,会在一定程度上加大对公司股票恶意收购的难度。

(6)股票分割在短期内不会给投资者带来太大的收益或亏损,即给投资者带来的不是现实的利益,而是给投资者带来了今后可多分股息和更高收益的希望,是利好消息,因此对除权日后股价上涨有刺激作用。

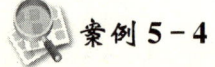

案例 5-4

范例一:陈小姐拥有1 000股波音公司(BA)的股票,当公司宣布2∶1股票分割后,陈小姐原有的1 000股股票便会变为2 000股。

$$1\,000 \times (2 \div 1) = 2\,000(股)$$

如果1股股票原先价钱是40美元,那么分割后的价钱便为:

$$40 \times (1 \div 2) = 20(美元)$$

基本上股票的总市值还是一样的(即原来的 40 美元/股×1 000＝40 000 美元与分割后的 20 美元/股×2 000＝40 000 美元相等)。在股票未分割前它的价值是 40 000 美元(1 000×40)。分割后它的总价值还是 40 000 美元(2 000×20)。

范例二：洪小姐拥有 400 股娇生(JNJ)公司的股票,当娇生将其股票分割为 5:4 后,洪小姐原有的 400 股股票便会变为 500 股。

$$400 \times (5 \div 4) = 500(股)$$

如果 1 股股票原先价钱是 50 美元,那么分割后的价钱便为：

$$50 \times (4 \div 5) = 40(美元)$$

基本上股票的总市值还是一样的。在股票未分割前它的价值是 20 000 美元(400×50)。分割后它的总价值还是 20 000 美元(500×40)。

范例三：柯太太拥有 600 股惠普(HWP)科技公司的股票,当惠普将其股票分割为 1:2 后,柯太太原有的 600 股股票便会变为 300 股。

$$600 \times (1 \div 2) = 300(股)$$

如果 1 股股票原先价钱是 50 美元,那么反向分割后的价钱便为：

$$50 \times (2 \div 1) = 100(美元)$$

基本上股票的总数还是一样的。在股票未分割前它的价值是 30 000 美元(600×50)。分割后它的价值还是 30 000 美元(300×100)。

(二) 股票回购

股票回购是指上市公司利用现金等方式,从股票市场上购回本公司发行在外的一定数额的股票的行为。公司在股票回购完成后可以将所回购的股票注销。但在绝大多数情况下,公司将回购的股票作为"库存股"

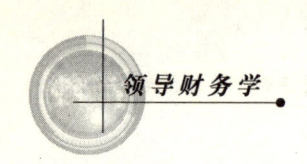

保留,不再属于发行在外的股票,且不参与每股收益的计算和分配。库存股日后可移作他用,如发行可转换债券、雇员福利计划等,或在需要资金时将其出售。

1. 股票回购的动机

1) 防止兼并与收购

以美国为例,进入20世纪80年代后,特别是1984年以来,由于敌意并购盛行,许多上市公司大举进军股市,回购本公司股票,以维持控制权。比较典型的有:1985年,菲利普石油公司动用81亿美元回购8 100万股本公司股票;1989年和1994年,埃克森石油公司分别动用150亿美元和170亿美元回购本公司股票。再如日本,20世纪60年代末至80年代初,为了防止本国企业被外国资本吞并,企业界进行了著名的"稳定股东工作"——职工持股制度和管理人员认股制度。前者是指企业对职工购买、持有本企业股票给予某种优惠或经济援助,奖励职工持股的制度;后者是指企业给予高级管理人员优惠认购本企业股票权利的制度。其目的是提高管理人员的责任感,确保企业的优秀人才。而允许企业在一定条件下回购本公司股票,则是建立职工持股制度和管理人员认股制度,维持企业控制权的前提条件。正因为此,所以,进入20世纪80年代,在欧美国家修改《公司法》的同时,日本亦相应修改了《公司法》,并相应放宽了企业回购本公司股票的限制。

2) 振兴股市

1987年10月19日的纽约股票市场出现股价暴跌,股市处于动荡之中。从此,美国上市公司回购本公司股票的主要动机是稳定和提高本公司股票价格,防止因股价暴跌而出现的经营危机。据统计,当时在两周之内就有650家公司发布大量回购本公司股票计划,其目的就是抑制股价暴跌,刺激股价回升。

3) 维持或提高每股收益水平和股票价格

维持或提高每股收益水平(即给股东以比较高的回报)和公司股票价格,以减少经营压力。

4) 重新资本化

即大规模借债用于回购股票或支付特殊红利,从而迅速和显著提高长期

第五章 论功行赏——领导如何决策利润分配

负债比例和财务杠杆,优化资本结构。重新资本化往往出现在竞争地位相当强、经营进入稳定增长阶段,但长期负债比例过低的公司。由于这类公司具有可观的未充分使用的债务融资能力储备,按照资产预期能够产生的现金流入的风险与资本结构匹配的融资决策准则,提高财务杠杆,可以优化公司资本结构,降低公司总体资本成本,增加公司价值,从而为股东创造价值。同时,也有助于防止敌意并购袭击。因为在有效的金融市场环境中,具有大量未使用的债务融资能力的公司,往往容易受到敌意并购者的青睐和袭击。

5)其他考虑

根据德国《股票法》第71条的规定,准许企业在特定情况下回购资本金10%以内的本公司股票。所谓特定情况是指:① 避免重大损失时;② 向从业人员提供时;③ 基于减资决议注销股票时;④ 股票继承时。

1981年,英国《公司法》规定,企业回购本公司股票的动机主要有:① 将剩余资金返回股东;② 增加股票的价值;③ 抑制股价下跌;④ 实现资本构成的目标;⑤ 防止企业被吞并;⑥ 灵活运用剩余资金或作为企业证券发行战略的重要手段。

案例 5-5

花旗集团(Citicorp)是花旗银行的母公司,由于巨额房地产贷款损失和一些其他问题,于1991年宣布暂停其股利支付。据透露,银行监管者开始着手结束银行的监管活动,并迫使花旗银行暂停股利支付,直到其资本复原。到1993年,花旗集团的状况大为改善。

从1990年年末至1993年年末,该集团控制的资本从160亿美元升至235亿美元,并且其产权资本比率达到6.8%(最低要求为4%)。

在暂停股利支付前两年,花旗集团的股利分配方案如下:1990年度第一季度现金股利为0.405美元,第二、第三、第四季度现金股利皆为0.445美元;1991年前三个季度现金股利分别为0.25美元,从1991年的第四季度开始暂停支付现金股利。

花旗集团过去数年的每股盈余和1994年4月以后数年的预期每股盈余（用F表示）如表5-2、5-3。

表5-2　　　　　　　　　　花旗集团相关数据　　　　　　　单位：美元

年　份	1988	1989	1990	1991	1992	1993	1994F	1995F
每股盈余	4.87	1.16	0.57	−3.22	1.35	3.53	6.00	6.50

表5-3　　　　　　　　花旗集团和可比公司的有关信息

银　行	净值与资产比率(%)			股利支付率(%)			股利收益率(%)
	1991年	1992年	1993年	1991年	1992年	1993年	
花旗银行	4.4	5.2	6.5	—	—	—	—
纽约银行	7.4	8.6	8.9	131	36	32	1.7
美国商业银行	7.0	8.6	9.2	25	31	29	4.1
银行家信托公司	5.3	5.3	4.9	34	33	26	5.1
大通银行	5.5	6.8	8.0	38	35	63	4.1
化工银行	5.2	7.1	7.4	955	31	24	4.2
摩根银行	5.9	6.9	7.4	36	32	29	4.3
国民银行	5.9	6.6	6.3	195	33	33	4.0

注：股利收益率＝4×最近一季度股利÷每股价格
资料来源：王化成.财务管理教学案例[M].北京：中国人民大学出版社.

根据上述案例资料，分析回答下列问题：

(1) 1990年花旗集团的股利支付率为多少？

(2) 为什么花旗集团在1991年的第一个季度要削减股利，当时它是否应当暂停股利支付？

(3) 1992年可比银行的平均股利支付率为多少？1993年呢？

(4) 你认为在1994年春季，当花旗集团宣告发放现金股利时，市场将如何反应？这一信息传递可信吗？

(5) 假定花旗集团的股票价格为39美元，如果该公司希望它的股票能提供"平均股利收益率",那么它应宣告的每季度股利是多少?

答案:

(1) 1990年花旗集团平均现金股利=0.435(美元)

1990年花旗集团股利支付率=0.435÷0.57×100%=76.32%

(2) 因花旗集团1989年起其盈余就大幅下降,每股盈余1989年为1.16美元,1990年为0.57美元,1991年开始出现亏损,且其产权比率在同行业中最低,仅为4.4%(最低要求为4%),而同行业平均数为5.825%。在这种情况下,花旗集团确应考虑暂停支付现金股利,以使集团资本得以复原,降低财务风险,扭转经营不利局面。

(3) 1992年可比银行平均股利支付率为33%,1993年为33.7%。

(4) 花旗集团的股票将出现利好反应,股价有可能上扬,其股票交易量上涨,交易活跃。这一信息传递很可信,因为根据预测,花旗集团1994年的每股盈余将高达6.00美元,集团的产权比率因盈余大增也会得到提高,将高于1993年年末的6.8%,资本结构更趋合理。

(5) 可比银行平均股利收益率为3.93%。

每季股利=39×3.93%÷4=3.83(美元)

---

2. 股票回购的方式

(1) 按照股票回购的地点不同,股票回购可分为场内公开收购和场外协议收购两种。场内公开收购是指上市公司把自己等同于任何潜在的投资者,委托在证券交易所有正式交易席位的证券公司,代自己按照公司股票当前市场价格回购。在国外较为成熟的股票市场上,这一种方式较为流行。据不完全统计,整个20世纪80年代,美国公司采用这一种方式回购的股票总金额为2 300亿美元左右,占整个回购金额的85%以上。虽然这种方式的透明度比较高,但很难防止价格操纵和内幕交易,因而,美国证券交易委员会对实施场内回购的时间、价格和数量等均有严格的监管规则。场外协议收购是指股票发行公司与某一类(如国家股)或某几类(如法人股、B 股)投资者直接见面,通过在店头市场协商来回购股票的一种方式。协商的内容包括价格和数量的确定,以及执行时间等。很显然,这种方式的缺陷就在于透明度比较低,有违于股市"三公"原则。

(2) 按照筹资方式,可分为举债回购、现金回购和混合回购。举债回购是指企业通过向银行等金融机构借款的办法来回购本公司股票。其目的无非是防御其他公司的敌意兼并与收购。现金回购是指企业利用剩余资金来回购本公司的股票。如果企业既动用剩余资金,又向银行等金融机构举债来回购本公司股票,则称为混合回购。

(3) 按照资产置换范围,可分为出售资产回购股票、利用手持债券和优先股交换(回购)公司普通股、债务股权置换。债务股权置换是指公司使用同等市场价值的债券换回本公司股票。例如 1986 年,Owen Corning 公司使用 52 美元的现金和票面价值 35 美元的债券交换其发行在外的每股股票,以提高公司的负债比例。

(4) 按照回购价格的确定方式,可分为固定价格要约回购和荷兰式拍卖回购。前者是指企业在特定时间发出的以某一高出股票当前市场价格的价格水平,回购既定数量股票的要约。为了在短时间内回购数量相对较多的股票,公司可以宣布固定价格回购要约。它的优点是赋予所有股东向公司出售其所持股票的均等机会,而且通常情况下公司享有在回购数量不足时取消回购计划或延长要约有效期的权力。与公开收购相比,固定价格要约回购通常被认为是更积极的信号,其原因可能是要约价格存在高出市场当前价格的溢价。但是,溢价的存在也使得固定价格回购要约的执行成本较高。

荷兰式拍卖回购首次出现于 1981 年 Todd 造船公司的股票回购。此种方式的股票回购在回购价格确定方面给予公司更大的灵活性。在荷兰式拍卖的股票回购中,首先是公司指定回购价格的范围(通常较宽)和计划回购的股票数量(可以上下限的形式表示);而后股东进行投标,说明愿意以某一特定价格水平(股东在公司指定的回购价格范围内任选)出售股票的数量;公司汇总所有股东提交的价格和数量,确定此次股票回购的"价格—数量曲线",

并根据实际回购数量确定最终的回购价格。

(5) 可转让出售权回购方式。所谓可转让出售权,是实施股票回购的公司赋予股东在一定期限内以特定价格向公司出售其持有股票的权利。之所以称为"可转让"是因为此权利一旦形成,就可以同依附的股票分离,而且分离后可在市场上自由买卖。执行股票回购的公司向其股东发行可转让出售权,那些不愿意出售股票的股东可以单独出售该权利,从而满足了各类股东的需求。此外,因为可转让出售权的发行数量限制了股东向公司出售股票的数量,所以这种方式还可以避免股东过度接受回购要约的情况。

3. 股票回购的主要目的

1) 是一项反收购措施

股票回购在国外经常作为一种重要的反收购措施而被运用。回购将提高本公司的股价,减少在外流通的股份,给收购方造成更大的收购难度;股票回购后,公司在外流通的股份少了,可以防止浮动股票落入进攻企业手中。

2) 改善资本结构

股票回购是改善公司资本结构的一个较好途径。利用企业闲置的资金回购一部分股份,虽然降低了公司的实收资本,但是资金得到了充分利用,每股收益也提高了。

3) 稳定公司股价

过低的股价,无疑将对公司经营造成严重影响。股价过低,使人们对公司的信心下降,使消费者对公司产品产生怀疑,削弱公司出售产品、开拓市场的能力。在这种情况下,公司回购本公司股票以支撑公司股价,有利于改善公司形象,股价在上升过程中,投资者又重新关注公司的运营情况,消费者对公司产品的信任增加,公司也有了进一步配股融资的可能。因此,在股价过低时回购股票,是维护公司形象的有力途径。

4) 建立企业职工持股制度的需要

公司以回购的股票作为奖励优秀经营管理人员、以优惠的价格转让给职工的股票储备。

股票回购对公司利润的影响:当一个公司实行股票回购时,股价将发生变化,这种变化是两方面的叠加:首先,股票回购后公司股票的每股净资产值将发生变化。在假设净资产收益率和市盈率都不变的情况下,股票的净资产值和股价存在一个不变的常数关系,也就是净资产倍数。因此,股价将随着每股净资产值的变化而发生相应的变化,而股票回购中净资产值的变化可能是向上的,也可能是向下的;其次,由于公司回购行为的影响,及投资者对此的心理预期,将促使市场看好该股而使该股股价上升,这种影响一般总是向上的。

案例 5-6

假设某公司股本为 10 000 万股,全部为可流通股,每股净资产值为 2.00 元,让我们来看看在下列三种情况下进行股票回购,会对公司产生什么样的影响。股票价格低于净资产值。假设股票价格为 1.50 元,在这种情况下,假设回购 30%即 3 000 万股流通股,回购后公司净资产值为 15 500 万元,回购后总股本为 7 000 万元,则每股净资产值上升为 2.21 元,将引起股价上升。股票价格高于净资产值,但股权融资成本仍高于银行利率,在这种情况下,公司进行回购仍是有利可图的,可以降低融资成本,提高每股税后利润。假设前面那家公司每年利润为 3 000 万元,全部派发为红利,银行 1 年期贷款利率为 10%,股价为 2.50 元。公司股权融资成本为 12%,高于银行利率 10%。若公司用银行贷款来回购 30%的公司股票,则公司利润变为 2 250 万元(未考虑税收因素),公司股本变为 7 000 万股,每股利润上升为 0.321 元,较回购前的 0.3 元上升 0.021 元。在其他情况下,在非上述情况下回购股票,无疑将使每股税后利润下降,损害公司股东(指回购后的剩余股东)的利益。因此,这时股票回购只能作为股市大跌时稳定股价、增强投资者信心的手段,抑或是反收购战中消耗公司剩余资金的"焦土战术",这种措施并不是任何情况下都适用的。因为短期内股价也许会上升,但从长期来看,由于每股税后利润的下降,公司股价的上升只是暂时现象,因此若非为了应付非常状况,一般无需采用股票回购。

第六章 以小博大——领导如何开展资本运营

在别人都恐惧的时候,你就该贪婪,当别人都贪婪的时候,你就该恐惧!

——巴菲特

每一个商务时代,都会铸造一大批富翁,而每一个富翁的铸造都是当别人不明白时,他明白他自己在做什么,当别人不理解时,他理解他自己在做什么,所以当别人明白时他已经成功了,当别人理解时他已经富有了。

——李嘉诚

如何把沉积在民间的几十万亿的资金调动出来参加流通,扩大内需,繁荣社会,是令国家管理部门头痛的问题。加息、提高准备金、扩大股市、发行基金彩票、宣传保险……多种措施并没有从根本上解决这个问题。巨大的民间沉积资本好比猛虎,一旦它不高兴,闯进市场,并且带动虎群到处发威,便会造成经济混乱。即使国家制服这些猛虎,也是多方受伤,对谁都没有好处。资本只有分流和受控才不会泛滥成灾!而资本运作可以利用资本追逐高利回报的特点和人的自然贪欲,用高回报自然而然地使资本自动地从银行走出来,从沉积中动起来,让这些猛虎变成训猫,乖乖地听指令表演。如何利用资本运作模式,分流资本,有序合理再分配财富,是值得探索的课题。财富再分配是关系到国富民安的宏观政策,股市、基金、彩票、期货……无一不是利用虚拟资本运作方式在分配加入者的财富。但是,所有的分配都是预期,是无序和随机的。尽管有人可以操控,像股市庄家,但那也是为私利的不能公开

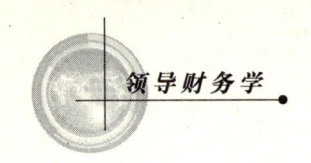

的行为。从学术角度分析,股市可以利用,彩票可以利用,为什么不可以利用资本运作给资本找到出路?道路虽然是曲折的,但前途是光明的。历史已做了最好的证明,凡是具有强大的生命力的新生事物,最终都会得到推广和公认。历史前进的车轮是无人能阻挡的,资本运作的出现,是 21 世纪中国商业经济的一次重要改革,是虚拟经济与实体经济相结合的一个新生产物。它可以带动企业的发展,促进国家经济的发展,可以带来下岗工人和学生就业的机会。它的存在不是偶然的,它对整个经济领域来说具有跨时代的意义。

一、资本运营的概述

(一)资本运营的含义

资本运营又称资本运作、资本经营,是中国大陆企业界创造的概念。它指利用市场法则,通过资本本身的技巧性运作或资本的科学运动,实现价值增值、效益增长的一种经营方式。简言之,就是利用资本市场,通过买卖企业和资产而赚钱的经营活动和以小变大、以无生有的诀窍和手段。

资本运营是企业实现资本增值的重要手段,是企业发展壮大的重要途径。综观当今世界大多数企业的发展历程,资本运营都发挥了至关重要的作用。在我国,近年来不少企业也将资本运营纳入企业发展战略,并获得了成功。越来越多的企业已经认识到既要重视生产经营,又要注重资本运营,资本运营和生产经营共同推动着企业的发展。可以预见资本运营在我国发展进程中将会发挥越来越大的作用。所以企业家能够成功运营资本对企业的发展是至关重要的。

(二)资本运营的特征

资本运营和商品经营、资产经营在本质上存在着紧密的联系,但它们之间存在着区别,不能将资产经营、商品经营与资本经营相等同。资本经营具有如下三大特征。

1. 资本运营的流动性

资本是能够带来价值增值的价值,资本的闲置就是资本的损失,资本运作的生命在于运动,资本是有时间价值的,一定量的资本在不同时间具有不同价值。今天的一定量资本,比未来的同量资本具有更高的价值。

2. 资本运营的增值性

实现资本增值,这是资本运营的本质要求,是资本的内在特征。资本的流动与重组的目的是为了实现资本增值的最大化。企业的资本运动,是资本参与企业再生产过程并不断变换其形式,其目的在于实现资本的增值。

3. 资本运营的不确定性

资本运营活动,风险的不确定性与利益并存。任何投资活动都是某种风险的资本投入,不存在无风险的投资和收益。这就要求经营者要力争在进行资本经营决策时,必须同时考虑资本的增值和存在的风险,应该从企业的长远发展着想。企业经营者要尽量分散资本的经营风险,把资本分散出去,同时吸收其他资本参股,实现股权多元化,优化资本结构来增强资本抗风险的能力,保证风险在一定的情况下收益最大。

资本运营除了上述的三个主要特征,还具有资本运作的价值性、市场性和相对性的特征。

资本运营是可以白手起家的事业。有很多人都有独立创业的美好愿望,但是万事开头难,传统事业一开始就需要大笔的资金投入。这往往使很多人难以迈出第一步。资本运营时也可以说是为想白手起家的人量身定制的创业机会。无论在创业初期还是在整个创业过程中都不需要投入大量的资金,并且在无须开设店铺的情况下就可以开始建立自己的销售体系,开发自己的销售市场,实现自己独立创业的愿望。

(三)资本运营和生产经营的关系

1. 资本运营和生产经营的联系

资本运营和生产经营密不可分,都属于企业经营的范畴,两者之间存在着极为密切的联系。

(1)目的一致。两者都是以资本增值为最终目的。

(2)相互依存。生产经营以资本为前提条件,如果没有资本,生产经营就无法进行;如果不进行生产经营活动,资本增值就无法实现。因此资本运营要为发展生产经营服务,并以生产经营为基础。

(3) 相互渗透。企业进行生产经营的过程就是资本循环周转的过程。

2. 资本运营与生产经营的区别

(1) 经营对象不同。资本经营的对象是企业的资本及其流动,资本是可以带来增值的价值。资本运营侧重的是企业经营过程的价值方面,追求的是资本增值。而生产经营的对象则是产品及其生产销售过程,经营的基础是厂房、机器设备、产品设计、工艺、专利等。生产经营侧重的是企业经营过程的使用价值方面,追求的是产品数量、品种的增多和质量的提高。

(2) 经营领域不同。资本运营主要是在资本市场上运作,资本市场既包括证券市场,也包括非证券的长期信用资本的借贷,广义上还包括非证券的产权交易活动。而企业生产经营涉及的领域主要是产品的生产技术、原材料的采购和产品销售,主要是在生产资料市场、劳动力市场、技术市场和商品市场上运作。

(3) 经营方式不同。资本运营要运用吸收直接投资、发行股票、发行债券、银行借款和租赁等方式合理筹集资本;要运用直接投资、间接投资和产权投资等方式有效地运用资本,合理的配置资本盘活存量资本,加速资本周转,提高资本效益。而生产经营主要通过社会需求、以销定产、以产定购、技术开发、研制新产品等方式,达到增加产品品种、数量,提高产品质量,提高市场占有率,增加产品销售利润的目的。

所以,在市场经济条件下,企业家既要精通生产经营,又要掌握资本运营,并把两者密切结合起来,生产经营是基础,资本运营要为发展生产经营服务。通过资本运营,搞好融资、并购和资产重组等活动,增加资本积累,实现资本集中,目的是要扩大生产经营规模,优化生产结构,提高技术水平,以便更快地发展生产经营。只有生产经营搞好了,生产迅速发展了,资本运营的目标才能实现。

资本运营也是复制成功的事业。"没有资金也没有经验,或者有资金没有经验,有经验没有资金"是很多想创业的人无法突破的瓶颈,对于很多想成功的人来说,经验和方法往往是最需要也是最缺乏的。而在传统的事业里,需要我们自己长时间去摸索,中间容易走很多弯路,甚至出现致命的失误。"这个世界上不缺少任何行业,唯一缺少的就是有人能够毫无保留地并且能主动教你的行业"。而资本运营是以成功复制成功的事业,成功者将它们的系统经验毫无保留地教给新的朋友,从而有效地去避免失误,大大地提高了成功的几率,所以行业中有一句至理名言:照着别人去做!

二、资本运营的基本类型

(一)扩张型资本运营模式

资本扩张是指在现有的资本结构下,通过内部积累、追加投资、吸纳外部资源即兼并和收购等方式,使企业实现资本规模的扩大。根据产权流动的不同轨道可以将资本扩张分为三种类型。

1. 横向型资本扩张

横向型资本扩张是指交易双方属于同一产业或部门,产品相同或相似,为了实现规模经营而进行的产权交易。横向型资本扩张不仅减少了竞争者的数量,增强了企业的市场支配能力,而且改善了行业的结构,解决了市场有限性与行业整体生产能力不断扩大的矛盾。

2. 纵向型资本扩张

处于生产经营不同阶段的企业或者不同行业部门之间,有直接投入产出关系的企业之间的交易称为纵向资本扩张。纵向资本扩张将关键性的投入产出关系纳入自身控制范围,通过对原料和销售渠道及对用户的控制来提高企业对市场的控制力。

3. 混合型资本扩张

两个或两个以上相互之间没有直接投入产出关系和技术经济联系的企业之间进行的产权交易称为混合资本扩张。混合资本扩张适应了现代企业集团多元化经营战略的要求,是跨越技术经济联系密切的部门之间的交易。它的优点在于分散风险,提高企业的经营环境适应能力。

(二)收缩型资本运营模式

收缩性资本运营是指为了追求企业价值最大化以及提高企业运行效率,企业把自己拥有的部分资产、子公司、内部某一部门或分支机构转移到公司之外,从而缩小公司的规模。它是对公司总规模或主营业务范围进行的重组,其根本目的是为了追求企业价值最大以及提高企业的运行效率。收缩性资本运营通常是放弃规模小且贡献小的业务,放弃与公司核心业务没有协同或很少协同的业务,宗旨是支持核心业务的发展。当一部分业务被收缩后,原来支持这部分业务的资源就相应转移到剩余的重点发展的业务,使母公司可以集中力量开发核心业务,有利于主流核心业务的发展。收缩性资本运营是扩张性资本运营的逆操作,其主要实现形式有以下几种。

1. 资产剥离

资产剥离是指把企业所属的一部分不适合企业发展战略目标的资产出售给第三方,这些资产可以是固定资产、流动资产,也可以是整个子公司或分公司。资产剥离主要适用于以下几种情况:① 不良资产的存在恶化了公司财务状况;② 某些资产明显干扰了其他业务组合的运行;③ 行业竞争激烈,公司急需收缩产业战线。

2. 分拆上市

分拆上市是指一个母公司通过将其在子公司中所拥有的股份,按比例分配给现有母公司的股东,从而在法律上和组织上将子公司的经营从母公司的经营中分离出去。分拆上市有广义和狭义之分,广义的分拆包括已上市公司或者未上市公司将部分业务从母公司独立出来单独上市;狭义的分拆指的是已上市的公司将其部分业务或者某个子公司独立出来,另行公开招股上市。分拆上市后,原母公司的股东虽然在持股比例和绝对持股数量上没有任何变化,但是可以按照持股比例享有被投资企业的净利润分成,而且最为重要的是,子公司分拆上市成功后,母公司将获得超额的投资收益。

3. 股份回购

股份回购是指股份有限公司通过一定途径购买本公司发行在外的股份,

适时、合理地进行股本收缩的内部资产重组行为。通过股份回购,股份有限公司达到缩小股本规模或改变资本结构的目的。股份公司进行股份回购,一般基于以下原因:一是保持公司的控制权;二是提高股票市价,改善公司形象;三是提高股票内在价值;四是保证公司高级管理人员认股制度的实施;五是改善公司资本结构。股份回购与股份扩张一样,都是股份公司在公司发展的不同阶段和不同环境下采取的经营战略。因此,股份回购取决于股份公司对自身经营环境的判断。一般来说,一个处于成熟或衰退期的、已超过一定的规模经营要求的公司,可以选择股份回购的方式收缩经营战线或转移投资重点,开辟新的利润增长点。

三、企业并购

当时,我们公司严禁用收购这个词,而是叫整合。因为这是在中国,理解团队的心理、理解员工的心理是最终整合成功的关键。——谭智

我意识到,一个人的成功不完全是你的才华,关键是你能统占整合多少资源,然后达成一个整合的目标。——江南春

整合是为了更好地保护和培育市场,整合是市场份额最快速增长的方式。而直接在市场上对抗则会带来一段时间的市场混乱,并且效率低,耗时长。——谭智

成功的海外并购建立在对自己和被收购对象有深刻认识的基础上,建立在充分的准备和可行的方案上。——傅成玉

我们的并购只是用很少的资源去撬动更大的社会资源。——唐万里

(公司并购)整合就像是滚雪球,你的雪球越大,越容易滚动,滚进来的东西就越多。——吴明东

(并购聚众后)安全感加强了,方向感也就出来了。——江南春

(一)企业并购概述

1. 并购的含义

企业并购可以定义为一个企业通过产权交易,用合并方式吞并其他企

业,或用购买其他企业产权的方式取得绝对控股地位而使其他企业成为其全资子公司或控股子公司,以谋求价值增长的一种经济行为。

企业并购是企业产权变动的基本形式,是实现企业扩张和发展的基本途径。并购的实质是一个企业取得另一个企业的财产、经营权或股份,并对另一个企业发生支配性的影响,即并购企业利用自身的各种有利条件,如品牌、市场、资金、管理、文化等优势,让存量资产变成增量资产,使呆滞的资本运动起来,实现价值创造。

2. 兼并

兼并有吞并、吸收、合并之义,具体是指一家企业以现金、证券或其他形式购买取得其他企业的产权,使其他企业丧失法人资格或改变法人实体,并取得对这些企业决策控制权的经济行为。

兼并作为企业扩张的一种经济行为,主要有以下四种形式:

(1) 承担债务式兼并。在资产和债务等价的情况下,兼并方以承担被兼并方债务为条件接收其资产。

(2) 购买式兼并。兼并方出资购买被兼并企业的资产。

(3) 吸收股份式兼并。被兼并企业的所有者将被兼并企业的所有净资产作为股金投资兼并方,成为兼并方企业的一个股东。

(4) 控股式兼并。一个企业通过购买其他企业的股权,达到控股,实现兼并。其实,兼并是企业合并中的吸收合并,与吸收合并相对应的是新设合并,即两个或者两个企业通过合并同时消亡,在此基础上形成一个新公司,由其承担原各企业的全部资产和负债的合并形式。

3. 收购

收购是指企业用现金、债券或股票购买另一家企业的全部或部分资产或股权,以获得该企业的控制权。收购与兼并都以企业产权为交易对象,都是增强企业实力的外部扩张策略。但不同的是,在兼并中,被合并企业作为法人实体不复存在;而收购可以是部分产权转让,被收购企业仍可作为法人实体存在,其产权流动较兼并平和一些。

(二)并购的分类

1. 横向并购、纵向并购和混合并购

1) 横向并购

横向并购是指商业上竞争对手间进行的并购。例如,生产同类商品的公司或者是在同一市场领域出售相互竞争商品的公司之间进行的并购。

2) 纵向并购

纵向并购是指买方公司并购与其生产经营紧密相关的前后顺序产生、营销过程的公司,以形成纵向生产经营一体化。纵向并购又可分为前向并购和后向并购两种形式。前向并购是向其最终用户的并购,如一家纺织公司与使用其产品的印染公司的合并。后向并购是向其供应商的并购,如一家钢铁公司与铁矿公司的合并。

3) 混合并购

混合并购是指从事不相关类型的经营活动企业的并购行为。其一般又可分为产品扩张型、市场扩张型和纯混合型三种。

2. 战略导向并购

1) 基于成长战略的并购

企业的成长主要有两种途径:内源式成长和外源式成长。尽管内源式成长能够获得发展过程的外部收益,有利于培养企业家精神,但是由于内源式成长不仅缓慢,而且会面对某些项目中途失败的风险,也就是对不成功的内部发展所进行的投资很难得到补偿。因此,通过并购等外源式成长成为企业实现扩张的必然选择。

2) 基于产业整合的并购

这是指以促使产业集中,优化产业组织,提升产业结构,最终增进企业绩效为目标的并购。

3) 基于重组获利的并购

也有人称此种并购为财务型并购。提高资本效率、淘汰落后是这种金融买家的宗旨。

3. 出资方式并购

1）出资购买资产式并购

出资购买资产式并购即并购企业使用现金购买目标公司全部或绝大部分资产以实现并购，以现金购买资产形式的并购，通常能做到等价交换，交割清楚，没有后遗症或纠纷。

2）出资购买股票式并购

出资购买股票式并购即并购企业使用现金、债券等方式购买目标公司一部分股票，以实现控制后者经营权的目的。

3）以股票换取资产式并购

以股票换取资产式并购即并购企业向目标公司发行自己的股票以交换目标公司的大部分财产。

4）以股票换取股票式并购

以股票换取股票式并购即并购企业直接向目标公司发行并购公司的股票，以换取目标公司的大部分股票。一般而言，交换的股票数量应至少达到并购企业能控制目标公司的足够表决权数。通过此项安排，目标公司就成为并购企业的子公司，亦可通过解散而并入并购企业。

四、买壳上市

所谓"壳资源"是指上市企业具备发行股票、增资扩股的资格和能力。之所以"壳资源"具有较高的价值，称为一种资源，是因为在中国上市资格是一种稀缺资源，受到上市额度和上市节奏的制约。而上市确实能够帮助企业筹集大量低成本资金，有助于分散风险，提升企业知名度，享受税收优惠等。

寻找"壳资源"的目的是买壳上市，即非上市企业收购一家上市公司，完成"买壳交易"，然后再由上市公司收购买"壳"企业的优良资产或进行资产置换，从而将非上市公司的主体注入上市公司中，实现非上市公司间接上市的目的。

买壳上市作为一种资产重组的特殊方式，是实现企业价值增长的有效手段。但是,要真正能够通过买壳上市创造价值,在运作中需要把握三个角度的问题。

1. 选择理想的"壳资源"

选"壳"最重要,好的"壳资源"是创造价值的基础。一般选"壳"时,买壳企业都要考虑"壳资源"规模的大小、股本结构、市场价格、行业状况、财务状况等。理想的"壳资源"应当具备几类条件:一是与收购企业的主营业务相关联,这样易于融合,协同效应迅速而明显;二是股权结构和负债比例合理,不至于造成收购困难和"壳资源"包袱沉重;三是"壳资源"的资产质量相对较好,"壳"的政策约束较少,可以增强获利能力,减少交易成本。

2. 资产置换的优化和整合

在非上市企业买"壳"后,要大刀阔斧地变革和整合"壳资源",一般是将"壳"内的旧的不良资产出售或置换出来,将非上市企业有发展潜力和获利能力强的优良资产注入"壳"公司,同时还可能伴有其他资产重组行为,从而彻底调整"壳"公司的资产结构,使"壳"公司发生质变,焕发生机。

3. 利用配股时机再次提升企业价值

当"壳"公司正常运行后,利用适当的时间实施配股或增发新股,完成增量资产对存量资产的再次调整与整合,进一步改善"壳"公司的资产质量和获利能力。

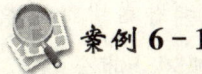
案例 6-1

中远集团匠心独运买壳上市

中国远洋运输集团公司(简称中远集团),成立于 1961 年,属国有大型企业集团。航运业是集团的核心业务,目前公司拥有 600 艘船,1 700 万载重吨,在世界航运企业中名列第三位,其集装箱船队在世界上名列第四位。中远的规模及其市场份额较其主要国内竞争对手确实具有压倒性的优势。面临激烈的市场竞争,中远集团提出了"下海、登陆、上天"的新发展战略,将公司从航运企业向综合性物流业方向发展,并着重将房地产业作为集团多元化拓展的重点。

1. 决心购壳

在分析国内资本市场环境后,结合自身的发展情况,中远决定通过"买壳上市"以拓宽筹资渠道,通过重组、并购扩大自己的规模。其原因有两个:一是时间快,"买壳上市"所具有的时间优势十分明显,可以为中远集团迅速采取资本运作、资本经营的外部增长方式赢得宝贵的时间;二是不受上市额度的限制,通过买壳上市迅速以合法、有效的方式超越这种政策性限制。

2. 精心选壳

企业能否通过买壳利用上市公司股本扩张的融资渠道顺利获取资金,盘活现有资产,"壳资源"的选择至关重要。中远集团为何选择众诚,主要在于众诚的五大优势:

(1) 独特的区位优势。众诚实业地处上海浦东陆家嘴金融贸易开发区繁华地段,公司所有资产集中分布在浦东新区的陆家嘴地区和外高桥保税区,因此它既有巨大的升值潜力,又对中远集团实施"登陆"战略,参与浦东金融、贸易及国际航运交流,具有重要的现实意义。

(2) 众多的优惠政策。众诚实业可以享受浦东新区众多优惠政策,如享受减免税、退税的优惠政策等。这些优惠政策不仅促进中远集团在这一地区的发展,又能通过今后对该上市公司的注资及资产重组,扩大集团内企业间接分享这些优惠政策,提高集团整体的经济效益和市场竞争能力。

(3) 较好的资产质量作为一家房地产类"壳"公司,众诚拥有高档商住楼及大面积土地储备,其资产质量及经营的连续性远好于其他此类上市公司。

(4) 良好的财务状况。众诚实业当时的资产财务状况很适合并购整合工作的开展,公司的资产负债率一直保持在较低的水平,较低的资产负债率为收购方利用杠杆效应举债创造了条件,公司资产流动性极佳,资产流动性强对于收购方具有很强的吸引力,这使收购方在进行资产整合时可以采取较有魄力的处置方法,不必担心财务上的流动性风险。

(5) 较高的社会知名度,众诚实业是为浦东开发而组建的规范性公司,其投资的第一个大项目众诚大厦曾创下浦东新区同类大厦的三个第一,中远可卡因借收购之机提高自身在中国资本市场上的知名度。

3. 运作买壳

通过精心设计的买"壳"三步运作：

第一步,组建收购主体公司。为了使收购风险控制在一定范围之内,也为了使收购及以后的资产重组工作能有一个精干的管理层和有灵魂的管理运作机制,中远集团在中远(香港)置业有限责任公司已获巨大成功的基础上,决定在上海专门为收购众诚实业成立一家收购主体公司——中远(上海)置业有限公司。

第二步,步步为营,从相对控股到绝对控股。中远在操作时精心设计了分两步到达绝对控股的机会,因为如果第一次花费巨资绝对控股后发现被收购企业内部存在一些事先未能预料并且难以解决的问题时,将会使收购工作难以展开,想要撤回将面临巨大的风险并将蒙受惨重的经济损失。按照稳健原则,先相对控股,然后在中远进入众诚董事会进行资产重组并产生明显效果时再增持股份。

第三步,增持股份,获取价值增长。众诚在中远的整合下,经营状况明显改善,此时中远置业继续投入大量资金,控股比例的提高使其充分享受因众诚业绩大幅改善所带来的综合收益,通过对众诚的控股、重组,中远集团在国内资本市场上打开了一条前景广阔的直接融资渠道,上市公司"壳"所具备的筹资功能在中远的后续资本运营中得到充分发挥。

五、杠杆收购与管理层收购

(一) 管理层收购的概念

杠杆收购(leveraged buy-out, LBO)是企业兼并的一种特殊形式。杠杆收购是指收购方以目标公司的资产或将来的现金流入作为担保,大量向金融机构借款,或发行高利率、高风险的债券来筹集资金,用于收购目标公司的全部或部分股权的行为。

管理层收购(management buy-out, MBO)是杠杆收购的一种特殊形式。

当杠杆收购的实施主体是目标企业内部的管理层时,一般意义上的杠杆收购便成了管理层收购。当收购主体是目标企业的员工时,称为员工收购(employee buy-out,EBO)。由于管理层收购在激励内部人员积极性、降低代理成本、改善企业经营状况等方面起到了积极的作用,因而它成为20世纪七八十年代流行于欧美国家的一种企业收购方式。

(二)管理层收购目标公司应具备的条件

(1)有良好的经营团队。公司的管理层比较稳定,在较长时间内基本上没有发生变化,拥有丰富的经营管理经验,并在主观上有进行管理层收购的愿望。

(2)有较大的管理效率提升空间。企业具有较大的降低生产经营成本、提高经营利润的潜力和能力。

(3)企业的产品具有稳定的需求,具有比较充足且稳定的现金流生产能力。

(4)企业债务比较少,具有高价值资产,融资能力比较强等。

(三)MBO的主要特征

1. 投资银行的参与

MBO操作中不仅涉及国家及企业所有者、管理者、员工等各方面的利益,而且涉及企业定价重组、融资、上市等资本运作事项,其中涉及众多的财务、法律等问题。由于MBO操作的复杂性,MBO在国外一般是在投资银行的总体策划下完成的,是通过企业的资本运作实现的。

2. 管理层主导

主要投资者是目标公司内部的经理和管理人员,他们往往对本公司非常了解,并有很强的经营管理能力。他们通常会设立一家"壳"公司,并以该"壳"公司的名义来发行债券以募集收购所需的资金。MBO完成之后,再将该"壳"公司与目标公司合并,这样债务就进入被合并后的公司。通过MBO,他们的身份由单一的经营者角色转变为所有者与经营者合一的双重身份。

3. 杠杆性

MBO主要是通过借贷融资完成的,这就要求目标公司的管理者要有较强的组织和运作资本的能力。这种借贷具有一定的融资风险性,同时,沉重的债务又形成一定的债务约束。一旦形成 MBO 以后,企业如果经营失败,管理人员将背上沉重的债务负担,甚至有可能赔进其全部的个人财产,并失去现有的职位。这种债务负担约束使管理人员尽力去改进公司的盈利并增强公司的竞争力,这无疑会使企业的运行质量有很大的提高。

4. 金融创新

MBO 融资过程中,常常涉及一些金融创新,如各种各样的级次债券、可转换债券、可转换优先股等。

5. 整合与增值潜力

MBO 的目标公司往往是具有巨大资产潜力或存在"潜在的管理效率空间"的企业,通过投资者对目标公司股权、控制权、资产结构以及业务的重组,达到节约代理成本、获得巨大的现金流入、给投资者超过正常收益回报的目的。

6. 资本运营

MBO 完成后,目标公司可能由一个上市公司变为一个非上市公司。一般来说,这类公司在经营了一段时间后,又会寻求成为一个新的上市公司并且上市套现。另外一种情况是,当目标公司为非上市公司时,MBO 完成后,管理者往往会对该公司进行重组整合,待取得一定的经营业绩后,再寻求上市,使 MBO 的投资者获得超常的回报。

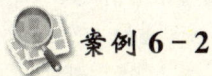
案例 6-2

TCL 集团的 MBO 之路

1. 1997 年以前

TCL 集团早在 1993 年就在深华、华通等下属生产性公司和销售系统开始了股权多元化、经营者持股的尝试,经营者的积极性被很好地调动起来,企业业绩也大幅增长。

2. 1997 年至 2002 年 4 月

但 TCL 集团层面上的 MBO 则始于 1997 年惠州市政府与 TCL 集团管

理层签订的授权经营合同。

该合同规定：TCL集团从创建伊始到1996年的数亿元资产全部归惠州市政府所有，创业者不得有任何异议；1997年后，以净资产年增长率为标准予以奖惩：TCL集团的净资产年增长率如果超过10%（为当时假设的彩电行业平均资本报酬率5%的2倍），其超出部分按一定比例以现金形式奖励给管理层，但奖励只能用于认购公司增发的股份；如果增长达不到10%，则管理层应受到相应的处罚。合同为期5年。

这种股票期权方式，成功地保证了TCL集团中国有资产的保值增值，同时又大大激发了管理层的积极性和经营潜能。因业绩突出，TCL集团的管理层连年得到奖励用于认购公司股权。到2002年4月TCL集团改制时，包括管理层在内的TCL集团内部员工持股已达到42%，国有股则从100%下降到58%。

3. 2002年4月至今

2002年4月16日，TCL集团召开了创立大会暨首届股东大会，在原有限责任公司的基础上将原"TCL集团有限公司"变更为"广东TCL集团股份有限公司"，注册资本仍为人民币159 193.52万元。发起人股东为：代表市政府的惠州市投资控股有限公司（简称"惠州投资"），新引进的5大战略性股东，即南太电子（深圳）有限公司、Philips Electronics China B. V.、Lucky Concept Limited、Regal Trinity Limited、株式会社东芝、住友商事株式会社，以及李东生等42名自然人。自此，TCL集团的MBO宣告完成。

综观TCL集团的MBO，有几个突出的特点：

第一，在增量的基础上开展MBO，实现了各方利益主体的利益平衡和共赢局面。

TCL集团MBO的具体操作采取的是管理层以现金认购、增资扩股的方式，而现金的来源则是净资产年增长率超过10%以上的部分。这种增量基础上的改革是可以达到多方利益平衡和共赢的"帕累托改进"。

第二，引进了战略投资者，将MBO与改善公司治理结构、优化产业结构以及实施国际化战略有机地结合在一起。

第三，为整个 TCL 集团上市打造了一个良好的平台，也为战略投资者的退出提供了一条较好的途径。

下面总结 MBO 的成功经验：

1) 实现各方利益的绝妙平衡是 MBO 成功的关键

只有在原大股东（国有企业中一般是政府）、管理层、一般员工、企业本身、战略投资者等各方利益主体之间寻求一种绝妙的平衡，才能获得 MBO 的最大成功。

2) 安全第一，规范操作，将 MBO 安放于经得起考验的制度基础之上

TCL 集团 MBO 的实施法则是：恪守政治安全的底线、对合法性的坚持和寻找利益共赢的智慧。这无疑对他人的 MBO 具有意义重大的参考价值。

3) 引进战略投资者，将产业升级及企业的国际化战略与 MBO 有机结合

4) 改善公司治理结构是 MBO 的着眼点，也是 MBO 的目标之一

六、资本收缩与分拆上市

与企业并购扩张相比，资本收缩时价值创造的反向思维，是"以退为进"辩证思想在经营调整和战略规划上的运用。积极放弃有悖于企业长远发展战略、缺乏一定成长潜力的业务和资产，培植主导产业和关联度强的产业链，对于企业来讲，恰恰是发挥竞争优势、实现价值增长的灵丹妙药。

（一）资本收缩的形式

1. 资产剥离

资产剥离是指企业将现有的某些部门、产品生产线、固定资产等出售给其他企业，并取得现金或有价证券回报的一种资本收缩行为。

2. 股份回购

股份回购是指股份有限公司通过一定的途径买回本公司发行在外的股份的行为。这是一种大规模改变公司资本结构的方式。股份回购有两种基本方式：一是公司将自由支配现金分配给股东，这种分配不是支付红利，而是

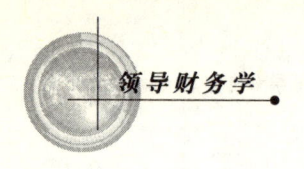

购买股票;二是公司认为资本结构中股本成分太高,用发售债券的款项购回本公司的股票。

3. 企业分立

企业分立是指一个母公司将其在子公司中所拥有的股份,按母公司股东在母公司中的持股比例分配给现有母公司的股东,从而在法律上和组织上将子公司的经营从母公司的经营中分离出去的行为。在分立过程中,不存在股权和控制权向母公司和其股东之外第三者转移的情况。

企业分立可以培养更多的企业家,企业分立也往往是资本市场的利好消息,带动股价上扬。企业分立也是一种反收购的手段。但企业分立只不过是资产契约的转移,其本身并不能使经营业绩得到根本的改进,完成分立活动还要经过复杂的税收和法律程序,这其中包含着极高的法律和会计成本。

(二) 资本收缩的动机和效果

1. 适应经营环境变化,调整经营战略

任何一个企业都是在动态的环境中经营。资本收缩正是一种适应动态变化环境的有效手段,是企业所采取的发展战略的一部分。1998年,百事公司决定专注于汽车及零食方面的生意,因此分拆旗下的连锁餐厅,包括必胜客、肯德基等,组成全球化餐饮公司并上市,分拆后的百事饮食业务,已由互相竞争变成互相协调和促进。

2. 提高管理效率

资本收缩可以集中经营优势产业,提高母公司的整体运营水平和管理效率,从而为企业的股东创造更大的价值。资本收缩与企业分立常常能够创造出一个简洁、高效、分权化的组织架构。

3. 提高资源利用效率

通常资本收缩与企业分立的基本原因有两个:第一,那部分资产作为购买方的一部分比作为售出方的一部分更有价值;第二,那部分资产强烈干扰了售出方其他的盈利活动。通过剥离或分立的方式,一方面,可以变现已经实现的收益,提高企业股票的市场价值,让市场更有效地评价剥离或分立部分资产的运营效益;另一方面,可以通过剥离与分立筹集营运资金,获得争取其他机会所需的财务和管理资源。

(三) 分拆上市

分拆上市是指将部分资产或业务从母公司中独立出来,另行公开招股上市的行为。

我国企业分拆上市近年来发展迅速,典型的案例有:同仁堂股份旗下同仁堂科技的分拆上市,联想集团(香港)旗下神州数码在我国香港创业板的分拆上市等。

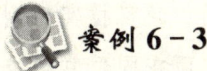
案例 6-3

同仁堂分拆上市案例分析

2000年2月22日,同仁堂股份公司2000年第一次股东大会通过议案,同意投资1亿元(账面值)与其他发起人共同发起设立北京同仁堂科技发展股份公司。注册资本1.1亿元,同仁堂以制药二厂、中药提炼厂等实物资产及部分现金投入折股1亿股,占总股本的90.9%;大会明确表示新公司争取在香港创业板上市。2000年3月22日,北京同仁堂科技发展股份有限公司在京宣布成立。2000年10月31日,同仁堂控股的北京同仁堂科技发展股份有限公司(同仁堂科技)在香港创业板挂牌交易。

此次同仁堂科技通过保荐人中银国际在香港创业板配售股份7 280万股(不含超额配售部分),公司所持股份预计占同仁堂科技总股本54.07%,发行定价区间从原先估计的2.4~2.8港元提升到3.28港元。

分拆上市指一个母公司通过将其在子公司中所拥有的股份,按比例分配给现有母公司的股东,从而在法律上和组织上将子公司的经营从母公司的经营中分离出去。分拆上市有广义和狭义之分,广义的分拆包括已上市公司或者未上市公司将部分业务从母公司独立出来单独上市;狭义的分拆指的是已上市公司将其部分业务或者某个子公司独立出来,另行公开招股上市。分拆

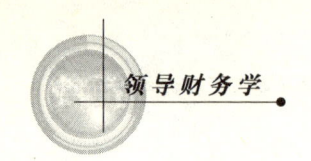

上市后,原母公司的股东虽然在持股比例和绝对持股数量上没有任何变化,但是可以按照持股比例享有被投资企业的净利润分成。而且最为重要的是,子公司分拆上市成功后,母公司将获得超额的投资收益。顾名思义——将上市公司中具有独立盈利能力和稍加整合就具有上市机制的部分,运作其上市的过程和结果。

为什么说同仁堂是分拆上市呢?第一,同仁堂科技的非现金资产与业务都是从同仁堂A股分拆出来的;第二,公开发行前同仁堂A股持有同仁堂科技90.9%的股份,公开发行后同仁堂A股持有同仁堂科技54.7%的股份。

(一)同仁堂的分拆上市成功的表现

1)分拆上市对母公司的财务状况产生积极的影响

同仁堂A股和同仁堂科技已先后公布2001年年报,同仁堂科技实现利润1亿多元,合并报表后,同仁堂A股实现盈利2亿多元。而在同仁堂科技分拆上市时,其利润只有3 000万元。1年间,同仁堂的收入涨幅超过50%,利润的增长速度超过30%。

2)分拆上市带来制度创新

分拆上市是同仁堂科技取得优良业绩的根本原因,因为实行分拆之后,公司进行制度创新的动力更大,对高层管理人员的激励作用也更大,它从根本上解决了企业活力的问题,平衡了同仁堂集团、同仁堂A股公司、同仁堂科技以及其公司内部的利益关系。

同仁堂科技上市后,同仁堂集团、同仁堂A股和同仁堂科技之间的股权关系依然是控股关系,但A股公司的持股比例由90%下降到54.7%。最重要的变化是在管理关系上,同仁堂集团、同仁堂A股公司和同仁堂科技公司之间不再是垂直管理和上下级关系,而是平行管理,三家公司的总经理分别对各自的董事会负责,而不再对同仁堂集团负责。

3)分拆上市可以拓展新的市场空间

同仁堂始创于1669年,"同仁堂"金字招牌享誉中外。随着现代社会的发展,新技术、新工艺广泛应用于制药行业,消费者越来越要求中成药能够实现高效、安全、小剂量,这对传统中药构成了巨大的挑战。由于剂型、疗效、药剂学基础理论等得不到国际承认,中药一直被排斥在国际医药主流市场之外。但近年来,日本、韩国等国家,以传统中医药理论为基础,运用现代科学手段开发的汉方药,领先于中国逐渐得到国际认可。据统计,全球植物药年贸易额约150亿美元,而中国的中成药仅占其中的3‰~5‰。面对激烈的市场竞争,同仁堂必需的选择就是将优秀的传统中药产品打入国际医药主流市场。基于此,同仁堂科技应运而生。

2001年10月7日,同仁堂科技与和记黄埔及京泰实业签约,在香港成立了同仁堂和记(香港)药业发展有限公司,这是中药行业目前在海外的最大合作项目,总投资达2亿港元。据了解,同仁堂和记将利用同仁堂品牌、技术实力以及和记黄埔谙熟国际中药市场的优势,在香港建立符合国际标准的新药研究开发和销售中心。按国际gmp标准开发天然药物、中药及保健新产品,并对有市场前景的传统中药进行二次开发,同时积极开拓销售渠道,将产品推广至国际医药主流市场。

4) 分拆上市有利于注入高新技术内涵

2001年5月,同仁堂科技与德国麦尔海生物技术公司投资500万美元,共同组建了同仁堂麦尔海生物技术有限公司。该公司以脂质体技术为基础,建立相应的生物技术生产基地,生产经营生物技术产品,并推进新产品的产业化。

总之,同仁堂拆分上市成功的意义不仅在于将为同仁堂带来巨额的投资收益,更重要的是,通过在香港上市和与国际级的中医企业合作,借助香港的资本和科技优势,特别是其国际金融和商业中心的地位,实现中医现代化,并大举进军国际医药主流市场。

(二) 同仁堂成功拆分上市的原因分析

(1) 同仁堂香港上市适时挑起了民族工业发展的重任,赢得了民心。

(2) 同仁堂一贯采取稳健经营战略,公众形象良好。

(3) 在中药行业中,同仁堂具有较明显的技术优势。

(4) 同仁堂科技在香港创业板上市,为中药现代化创造了有利的条件。

(5) 同仁堂投资价值凸显,具有强大而稳定的盈利能力。

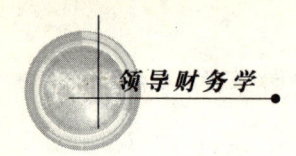

　　同仁堂成功拆分上市的案例启示我们,一家企业想要成功拆分上市必须具备天时地利人和的条件,选择恰当的时机,主动出击,作为一家上市公司要首先提高自身企业的价值和盈利能力,注意树立企业良好的社会形象,使投资者对企业有足够的市场信心,从而产生良好的预期。当然公司要加强公司治理结构等各个方面的制度创新,同时时刻以创新激励自身,确定要分拆上市之后就要有序地进行,做好充足的准备,包括选择分拆方案、选择中介机构、资产重组、选择海外合作伙伴等各个方面。

参考书目

[1] 张长胜.企业全面预算管理[M].北京:北京大学出版社,2007.

[2] 侯立新,曹东海.现代企业全面预算管理实务与案例[M].北京:企业管理出版社.2007.

[3] 陈勇,弓剑炜,荆新.财务管理案例教程[M].北京:北京大学出版社,2003.

[4] 樊莹,罗淑贞.财务学原理[M].广州:暨南大学出版社,2002.

[5] 李晓峰.财务管理[M].郑州:河南人民出版社,2005.

[6] 荆新,王化成,刘俊彦.财务管理学[M].北京:中国人民大学出版社,2009.

[7] 蔡昌.管理也要懂财务[M].上海:立信会计出版社,2009.

[8] 蔡昌.税收与公司理财[M].北京:中国人民大学出版社,2010.

[9] 黄虹,等.现代企业财务管理[M].上海:华东理工大学出版社,2004.

[10] 毛春华,王宛秋.企业财务管理[M].北京:北京工业大学出版社,2006.

[11] 注册会计师协会.财务成本管理[M].北京:中国财政经济出版社,2010.

[12] 孙茂竹,范歆.财务管理学[M].北京:中国人民大学出版社,2008.

[13] 赵德武.财务管理[M].2版.北京:高等教育出版社,2007.

[14] 刘婵.财务管理[M].广州:中山大学出版社,2009.

[15] 罗伯特·泰戈特.投资管理:保证有效投资的25个法则[M].钟坚,译.

汕头：汕头大学出版社,2004.

[16] 张玉明.财务管理——原理、案例与应用[M].北京：清华大学出版社、北京交通大学出版社,2010.

[17] 曾江洪.资本运营与公司治理[M].北京:清华大学出版社,2010.

[18] 刘思同.向土匪学分配[M].北京:中国时代经济出版社,2006.